M

de un
Amigo

Enseñanzas bíblicas que establecen una amistad íntima con Jesús

Miguel A. Valdivia

Publicaciones Interamericanas
Pacific Press Publishing Association
Boise, Idaho
Oshawa, Ontario, Canadá

Portada: Darrell Tank con Dennis Ferree

A no ser que se indique de otra manera,
todas las citas de las Sagradas Escrituras están tomadas
de la versión Reina-Valera, revisión de 1960.

Editado e impreso por
PUBLICACIONES INTERAMERICANAS
División Hispana de la Pacific Press Publishing Association
• P.O. Box 7000, Boise, Idaho 83707, EE. UU. de N. A.

Primera edición: 1994
30.000 ejemplares en circulación

ISBN 0-8163-9767-8

Offset in U.S.A.

94 95 96 97 98 • 5 4 3 2 1

Contenido

Contenido

Dedicatoria

A mis abuelos,
quienes a través de los años
me han apoyado con cariño
y constancia.

Introducción

Aunque algunos se niegan a admitirlo, todos creen en Dios. Muchos viven su espiritualidad dentro de una religión organizada. Otros exploran toda serie de esquemas ideológicos para encontrar o definir sus valores y formar su perspectiva de la vida. El ser humano evidentemente necesita un marco religioso o filosófico trascendente que le dé significado a su vida. Sin él, la existencia sería poco más que un complejo proceso biológico como el de todo animal; con la diferencia que los humanos podemos contemplarlo y estudiarlo.

Cuando el ser humano cobra conciencia del universo que lo rodea, de la fascinante historia de pueblos y civilizaciones, de lo intrincado del mundo natural, se siente inclinado a buscar un componente superior de la existencia. Así decide buscar a Dios, y de su concepto de Dios dependen su conducta, su trayectoria y sus sueños.

Pero la religión no debiera ser sólo la manera de llenar un vacío emocional o satisfacer necesidades sociales; la fe religiosa es mayor que nosotros, responde a un esquema mayor de las cosas. En una sociedad moderna de consumo parece que la mayoría incluye a Dios en su lista de compras, buscando el concepto de Dios que mejor llene sus necesidades y responda al estilo de vida que ya ha escogido.

No sucede tal cosa en la Biblia. El antiguo documento judeo-cristiano jamás intenta conformarse a sus lectores. No defiende sus presuposiciones, sólo las presenta. No intenta definir a Dios, excepto en la imagen suya que se deduce de sus actos. No da tantas explicaciones como preguntas. Sin embargo, es la fuente más valiosa de valores sólidos, de creencias sanas y razonables, y de una preciosa relación con un amante Ser superior.

Niños malcriados

Hace un par de años, nuestra hija de unos seis años de edad intentaba memorizar el quinto mandamiento. Parecía que ya lo había logrado cuando tuvimos que pedirle que se encargara de un quehacer olvidado, recoger sus juguetes. Entonces, para nuestro asombro, nos dio una nueva versión de la regla inmemorial. Para defender su persistente inacción nos recitó: "Padres, honren a su hijo y a su hija".

La versión oficial del mandamiento no se ajustaba al parecer a su precoz concepto de un mundo dedicado a su satisfacción personal. Nuestra hija ha progresado en la interpretación del mandamiento, pero muchos de nosotros exhibimos síntomas de este síndrome de niños malcriados. Insistimos en que incluso el Padre celestial debe conformarse a nuestros caprichos.

Esa actitud egoísta e interesada ha producido a lo largo de la historia innumerables interpretaciones de la voluntad de Dios. ¿Habrá una serie de valores concretos que puedan servirnos de guía? ¿Habrá una manera mejor que las otras de relacionarnos con el Ser superior?

Pilares de nuestra fe

A través de siglos de estudio y devoción, los cristianos han descubierto cuáles son las grandes verdades de la Biblia. Estas permanecen como monumentos de la fe cristiana y son su verdadera esencia. Es posible que usted, al igual que yo, aceptemos implícitamente estas verdades. ¿Cuáles son?[1]

1. La inspiración de la Biblia. Creemos que es la Palabra de Dios y la única regla de fe y conducta.

2. La Trinidad. Aceptamos la existencia y obra de las tres divinas Personas: Padre, Hijo y Espíritu Santo.

3. La creación. Creemos en el relato bíblico de la creación, aunque hay diferentes interpretaciones del mismo.

4. La naturaleza pecaminosa del hombre. Que nadie puede justificarse delante de Dios (Romanos 3:10).

5. La muerte expiatoria de Jesús por cada ser humano y para salvarnos del pecado. Somos salvos por la fe y no por obras.

6. La santificación o regeneración del ser humano gracias a la obra del Espíritu Santo.

7. La misión y la unidad de la iglesia cristiana. Creemos que Dios ha instituido la iglesia para cumplir sus designios sobre la tierra.

8. Los sacramentos cristianos: la Cena del Señor, el bautismo y el matrimonio; aunque hay variaciones en la manera de implementarlos.

En las páginas que siguen comentaremos cinco enseñanzas de Jesús. Para algunos lectores resultarán nuevas —aunque están basadas en los grandes pilares de la fe cristiana—, pero la profecía, las circunstancias y la historia las señalan como especialmente importantes para nuestro tiempo. Los primeros capítulos nos invitan a abrir nuestra mente y corazón a la amante voz de Dios. Luego, desde el capítulo cinco en adelante (ver el índice), nos dedicaremos a estudiar estos cinco mensajes tan vitales y tan llenos de bendición para nosotros.

Tenemos un hecho supremamente importante a nuestro favor. Dios mismo desea revelarnos su voluntad. Para ilustrar la relación que desea establecer con sus seguidores, Jesucristo declaró: "Ya no os llamaré siervos, porque el siervo no sabe lo que hace su señor; pero os he llamado *amigos*, porque todas las cosas que oí de mi Padre, os las he dado a conocer" (S. Juan 15:15).

Este libro está basado en la idea confortante de que Jesús es nuestro Amigo. En la idea de que en la Palabra de Dios se encuentra una guía segura para la religiosidad humana. Esa guía fue presentada por Jesús en sus breves años de enseñanza terrenal. Con sus actos y sus sabias palabras trazó un camino para sus seguidores. A nosotros nos toca descubrirlo, deslindarlo y transitarlo.

---

(1) La lista que sigue aparece en una forma un poco más extensa en el libro de Morris Venden, *The Pillars* (Mountain View, California: Pacific Press, 1982), pp. 9-11.

Capítulo 1

Un Amigo Incomparable

"Este Jesús de Nazaret, sin dinero y sin armas, conquistó más millones que Alejandro, César, Mahoma y Napoleón; sin ciencia y erudición, derramó más luz sobre las cosas humanas y divinas que todos los filósofos y eruditos combinados; sin la elocuencia de las escuelas, habló tales palabras de vida como nunca antes habían sido dichas y como no lo han sido después, y produjo efectos que yacen más allá del alcance del orador o del poeta; sin escribir una sola línea, puso más plumas en acción y proveyó más tema para sermones, oraciones, discusiones, volúmenes eruditos, obras de arte y cánticos de alabanza que todo el ejército de grandes hombres de los tiempos antiguos y modernos" (Phillip Schaff en el folleto *The Person of Christ*).

Ha sido la persona de Cristo lo que ha distinguido al cristianismo y lo ha hecho poderoso. La vida, muerte y resurrección de Jesús revelan a un Dios dispuesto a enfrascarse personalmente en el proceso de salvar a la humanidad perdida. Desde que vino a la tierra, pensadores a través de la historia se han tenido que enfrentar a los reclamos de su magna figura.

En ocasión de la muerte del famoso muralista David Alfaro Siqueiros, un columnista del *Excelsior* reveló lo siguiente en cuanto al fallecido pintor: "Supimos por boca del propio Siqueiros cómo..., aun cuando se confesaba públicamente ateo..., la figura del Cristo doliente y crucificado lo persiguió toda la vida". Fue así como "repetidamente plasmó en su arte la imagen que llevaba en su interior". La experiencia de Siqueiros es evidencia de la lucha milenaria que se libra en el corazón humano. La encarnación de nuestro Señor, su ministerio y sus declaraciones exigen una decisión de parte nuestra. Allí en el Calvario, entre los dos ladrones, con el rostro pálido y manchado de sangre, se encontraba Uno que aseguró ser nuestro Salvador.

Aquel hombre moribundo no fue otro héroe o mártir de la historia humana, sino que se constituyó en el eje de ésta. Su abnegado amor no sólo intentaba inspirar a artistas y a poetas; su anhelo era salvarlos, y salvarnos a usted y a mí.

Jesús no vino para que admirásemos sus virtudes, para que en momentos de reflexión profunda le brindáramos nuestros afectos. El nos dice, hoy como antes: "Sígueme". Su figura doliente no ha de permanecer plasmada ni en los lienzos ni en las mentes. ¡El vive y todavía nos llama a seguirlo!

Los enemigos de Jesús pensaron que su muerte a las afueras de Jerusalén pondría fin a su influencia y al movimiento que había iniciado en la Palestina del primer siglo. ¡Cuán equivocados estaban! Aunque los discípulos en su mayoría huyeron y la muchedumbre en vez de protestar su muerte la pidió, poco después, desde el domingo de la resurrección y con mayor fuerza después del Pentecostés, aquellos hombres y mujeres comenzaron a presentar con denuedo el mensaje de un Salvador resucitado que era Cristo y Señor.

El libro de Hechos recuenta el explosivo proceso de esparcimiento de las buenas nuevas de salvación. Después de la ascensión de Jesús frente a una muchedumbre de más de quinientas personas, los once discípulos subieron al aposento alto, acompañados de varias mujeres; María, la madre de Jesús y sus hermanos. Allí, en su primer acto conjunto como Iglesia Cristiana nombraron al sucesor de Judas el traidor, y se dedicaron a la oración y ayuno en espera de la unción del poder que Jesús les había prometido.

La fuente de ese poder era el Espíritu Santo, que hizo posible la dispersión de su mensaje desde Jerusalén hasta los confines de la tierra. Había en Jerusalén habitantes de Parta, Media, Mesopotamia, Judea, el Ponto, Asia, Frigia, Panfilia, Egipto, Africa y Roma. Después del primer discurso de Pedro se bautizaron 3.000 personas.

El segundo capítulo de Hechos describe así a los cristianos: "Y sobrevino temor a toda persona; y muchas maravillas y señales eran hechas por los apóstoles. Todos los que habían creído estaban juntos, y tenían en común todas las cosas; y vendían sus propiedades y sus bienes, y los repartían a todos según la necesidad de cada uno. Y perseverando unánimes cada día en el templo, y partiendo el pan en las casas, comían juntos con alegría y sencillez de corazón, alabando a Dios, y teniendo favor con todo el pueblo. Y el Señor añadía cada día a la iglesia los que habían de ser salvos" (Hechos 2:43-47).

¿Podríamos imaginarnos por un instante la emoción de pertenecer a aquel movimiento de pioneros que sacudió la sociedad de los primeros siglos? El mensaje del Cristo crucificado surgía de sus labios con poder y convicción. Sus vidas eran transformadas. Compartían tiempo juntos en el templo y en las casas, comían y oraban juntos. El fuego de la verdad brillaba con inteligencia en sus ojos.

Como oleaje incontenible arrollaron los bastiones de creencias paganas y humanistas; trastornaron credos y la forma de vida de su mundo. Esteban y Felipe, Bernabé, Marcos, Pablo, Juan y otros visitaron ciudades en el Asia Menor, se hicieron a la mar y establecieron iglesias en Antioquía, Chipre, Cirene, Iconio, Filipos y otras ciudades. Luego Pablo y Silas fueron a Grecia: Berea, Tesalónica, Atenas y Corinto, más tarde a Efeso. En pocos años el mundo conocido había escuchado el Evangelio de Jesús de labios de apóstoles y laicos de la pujante iglesia.

¿Por qué es que tuvieron tal éxito? No fue que el mundo

antiguo tuviese una carencia ideológica que favoreciera la introducción de una nueva filosofía. Sino que el cristianismo tenía algo que ninguna enseñanza del primer siglo podía proveer: la persona de Cristo.

Un pensador escéptico de hace un par de siglos declaró: "Los platonistas exhortaban a los hombres a imitar a Dios; los estoicos, a seguir la razón; los cristianos, a amar a Cristo... Al cristianismo le estaba reservado presentar al mundo un carácter ideal, el que a través de todos los cambios de dieciocho siglos ha inspirado los corazones de los hombres con amor apasionado... Verdaderamente podría decirse que el simple registro de tres cortos años de vida activa han hecho más para regenerar y pacificar la humanidad que todas las disquisiciones de los filósofos y todas las exhortaciones de los moralistas".[1]

Lo que infundió el extraordinario poder de atracción a la Persona de Cristo fue su amor inigualable por los seres humanos. Aceptar a Jesús es el comienzo de una amistad que durará por toda la eternidad. El insistió en que no éramos sus siervos, sino sus amigos (S. Juan 15:14). Aunque ascendió al cielo, Jesús no se olvida de nosotros, sus amigos. Ahora está a "la diestra de Dios", intercediendo por nosotros (Hebreos 10:12).

Ninguna otra religión tiene un Ser supremo que sea también el Amigo de los hombres. Sólo en Cristo tenemos un Creador que se amista con sus criaturas. Y "nadie tiene mayor amor que este, que uno ponga su vida por sus amigos" (S. Juan 15:13). Nadie puede amarnos más que nuestro amigo Jesús.

Durante el sepelio de Abrahán Lincoln, su féretro fue expuesto ante miles de tristes ciudadanos que pasaban brevemente para mirar por última vez al gran hombre que tanto amaban. En la vasta concurrencia se encontraba una ex esclava anciana que tenía consigo a su nieto de cuatro años de edad. La línea se movía lentamente. Después de un largo rato, la anciana y el niño llegaron ante el ataúd. Temerosa, miró el rostro del hombre que había hecho tanto por ella y tantos otros esclavos, y comenzó a derramar gruesas lágrimas. Con algún esfuerzo se inclinó y cargó a su pequeño nieto para que él también pudiese mirar por última vez el rostro de Abrahán Lincoln. Con tristeza en su voz le dijo: "Mira bien a ese hombre, Enrique. El murió por ti, querido".

El éxito histórico del cristianismo se debe precisamente a eso: a que un Hombre-Dios, Jesús, fue nuestro Amigo hasta tal punto que murió por salvarnos. Esa figura de un Salvador crucificado despierta en el corazón humano las más sublimes emociones. Pero qué hacer ante sus enseñanzas es el asunto que debiera suscitar nuestro mayor interés. De eso tratan los próximos capítulos.

---

1. W. H. Griffith, citado en *Evidencia que exige un veredicto*, ed. Josh McDowell (Cruzada Estudiantil y Profesional para Cristo: Cuernavaca, México, 1972), p. 135.

Capítulo 2

El Peligro de la Indiferencia

"Dijo entonces Jesús a los judíos que habían creído en él: Si vosotros permaneciereis en mi palabra, seréis verdaderamente mis discípulos; y conoceréis la verdad, y la verdad os hará libres" (S. Juan 8:31-32).

El salón de clases bullía de opiniones y experiencia destilada por años de estudio y contemplación, como suele suceder en cursos avanzados para adultos. El profesor barbado, de sonrisa fácil y ropas cómodas inició una discusión sobre el tema de los valores morales. Haciendo eco de ideas seculares dominantes en nuestra cultura occidental, el maestro se pronunció: "No hay valores absolutos. Si no están de acuerdo conmigo, pruébenme que estoy en el error". Después de intentarlo varias veces, la mayoría concurrió con el docente en que el único valor absoluto es la muerte: aquello que es total e indefectiblemente cierto.

Quedé profundamente preocupado. Cuando pude hablar, sugerí que Dios y su ley de los Diez Mandamientos también representaban valores absolutos. El tono de la clase cambió perceptiblemente. Lo que yo había dicho introducía un elemento extraño en la discusión. Algunos se mostraban evidentemente incómodos. El profesor, con una sonrisa, me aseguró: "Usted tiene todo el derecho de creer eso que dice".

Y con esto pasó a otro tema.

Charles Colson, ex asesor del presidente Nixon y fundador de una organización de ministerio a las prisiones, cuenta de su experiencia cuando fue invitado a dirigirse a los estudiantes de la Universidad Harvard sobre el tema del cristianismo. Se preparó cuidadosamente. Abogado de profesión y lector y escritor profundo, estaba listo para presentar evidencias de su fe y rebatir cualquier argumento.

Comenzó su discurso preparado para enfrentar el desacuerdo de cientos de los estudiantes más destacados de Estados Unidos. Lo que sucedió lo dejó sorprendido y consternado. En las décadas de los 60 y los 70, cualquier defensa de valores conservadores habría provocado una severa protesta de parte de estudiantes arraigados en el pensamiento secular y científico. Colson conocía casos de oradores evangélicos que habían sido prácticamente echados de los magnos salones de universidades prestigiosas por estudiantes airados y belicosos.

Lo que Charles Colson encontró a fines de 1992 fue un nutrido grupo de estudiantes bien vestidos, tomando notas de sus palabras afanosamente. Serios, de porte profesional, dedicados a obtener el éxito en sus estudios. Por completo fríos e indiferentes ante el cristianismo. Interesados en aprender, convertirse en hábiles profesionales y ganar mucho dinero.

Este es uno de los mayores problemas de nuestros tiempos. La indiferencia ante lo espiritual. Cada uno puede creer lo que quiera. No hay absolutos. Hay que sacar el mejor provecho a la vida. No hablemos de códigos morales, sino de satisfacer nuestras necesidades. ¿Cuáles han sido los resultados?

Miremos lo que ha sucedido con los jóvenes en los Estados Unidos:

Hábitos aberrantes en el comer. La mitad de las jovencitas y una quinta parte de los jóvenes hacen ayuno para bajar de peso, de acuerdo con una encuesta de 11.000 adolescentes de los grados 9 al 12. Una de cada cuatro usa píldoras para reducir el apetito, y una de cada cinco vomita para perder peso.

Depresión. Cuatro de cada cinco jóvenes se siente deprimido, y más de la mitad dicen que tienen muchas tensiones en su vida.

Vicios. El número de adolescentes que beben alcohol ha aumentado más de 30 por ciento desde la década de los cincuenta. Para el noveno grado, dos de cada tres han comenzado a beber.

Suicidio. La proporción de suicidios entre los jóvenes de 15 a 24 años de edad se ha triplicado en los últimos 30 años. El suicidio es la tercera causa de muerte para los que pertenecen a este grupo.[1]

¿Hay valores absolutos? Sí. Pero no se encuentran ni en las ciencias sociales ni en la filosofía. Se encuentran en la revelación que Dios ha hecho de sí mismo, en las Sagradas Escrituras. Y la revelación nos dice que sí es importante lo que creemos. Que se corre un riesgo muy serio cuando cada uno escoge lo que desee creer.

Pedro y Juan y los primeros cristianos arriesgaron sus vidas por presentar la verdad que creían y que los poseía enteramente. Cuando los apresaron y les interrogaron con qué potestad sanaban a enfermos y predicaban, Pedro respondió: "Este Jesús es la piedra reprobada por vosotros los edificadores, la cual ha venido a ser cabeza del ángulo. Y en ningún otro hay salvación; porque no hay otro nombre bajo el cielo, dado a los hombres, en que podamos ser salvos" (Hechos 4:11-12).

"En ningún otro hay salvación". Ciertamente importa en quien creemos y el efecto que esto tiene en nuestras vidas.

Cuando concluyó su famoso Sermón del Monte, Jesús expuso una advertencia en forma de parábola: "Cualquiera, pues, que me oye estas palabras, y las hace, le compararé a un hombre prudente, que edificó su casa sobre la roca.

"Descendió lluvia, y vinieron ríos, y soplaron vientos, y golpearon contra aquella casa; y no cayó, porque estaba fundada sobre la roca. Pero cualquiera que me oye estas palabras y no las hace, le compararé a un hombre insensato, que edificó su casa sobre la arena; y descendió lluvia, y vinieron ríos, y soplaron vientos, y dieron con ímpetu contra aquella casa; y cayó, y fue grande su ruina" (S. Mateo 7:24-28).

¿Sobre qué cimiento desea edificar usted la casa de su vida? No se trata de una decisión de importancia relativa. Es un asunto de vida o muerte. Por eso es que Jesús indicó la importancia de creer correctamente cuando se dirigió a los judíos en Jerusalén. "Si vosotros permaneciereis en mi palabra, seréis verdaderamente mis discípulos; y conoceréis la verdad, y la verdad os hará libres" (S. Juan 8:31-32).

Para los indiferentes, no importa vivir en el error, o en el engaño. Todo es aceptable. Pero los seres humanos que no se contentan con una vida guiada por el azar o los intereses puramente materiales, buscan conocer la verdad, practicarla y atesorarla como la mayor riqueza de todas.

El apóstol Pablo nos dice que Dios nos ha "escogido desde el principio para salvación, mediante la santificación por el Espíritu y la fe en la verdad" (2 Tesalonicenses 2:13).

Lo que creemos influye sobre lo que somos. Nuestros valores se reflejan en nuestros actos. Por cierto que importa a qué Dios adoramos. El *cristo* místico de la Nueva Era le dice a Shirley McLaine que es aceptable cometer adulterio con cierto hombre, porque en una vida pasada fueron esposos. El *cristo* de un neonazi le dice que hay razas superiores a otras. El *cristo* de monjes y ascetas les pide un apartamiento total del mundo y de otros seres humanos. En contraste, necesitamos conocer de verdad al Cristo de la Biblia, a nuestro Amigo celestial.

No basta ser sinceros. No da lo mismo tomar cualquier carretera para llegar a un destino específico. O cualquier avión.

Cuando Dios decida interrumpir el devenir humano y miríadas de ángeles acompañen a su caudillo que viene a reclamar a este planeta y a sus hijos que viven en él, un profesor barbado que yo conozco se va a llevar una tremenda sorpresa.

---

(1) *USA Weekend*, 30 de abril, 1993.

Capítulo 3

La Importancia de la Verdad

"Yo soy el camino, y la verdad, y la vida; nadie viene al Padre, sino por mí" (S. Juan 14:6).

"¡Que no crea en ti! ¿Y entonces a dónde voy con mis dolores y mis esperanzas cuando tú eres el único que ama y el único que perdona?

"¡Qué poder el tuyo! Con un rayo de luz haces de un enemigo tu apóstol; con una mirada arrancas de los ojos de Pedro lágrimas que salvan; con una palabra resucitas a Lázaro; con la orla de tu vestido disipas el dolor y ahuyentas la muerte; con un dedo en la tierra haces caer las piedras de todas las manos y descender el perdón sobre un alma atribulada. ¡Inmenso poder! Ante él me arrodillo" (Julio Calcaño).

El capítulo 13 de S. Juan inicia un diálogo entre Jesús y sus discípulos que dura hasta el capítulo 17. Comienza así: "Antes de la fiesta de la pascua, sabiendo Jesús que su hora había llegado para que pasase de este mundo al Padre, como había amado a los suyos que estaban en el mundo, los amó hasta el fin" (versículo 1).

Ese amor desbordante de Jesús se manifestó en consejos y advertencias vitales. Los discípulos habrían de pasar por la terrible prueba de perder a su Maestro en las próximas horas, y éste, quien sabía mejor que nadie lo que habría de suceder, en vez de preocuparse por su propia suerte, "los amó hasta el fin".

Les dio una lección gráfica de humildad lavando sus pies, y los instó a amarse unos a otros como la señal más importante del discipulado (capítulo 13:35). Les aclaró varios temas que aún no comprendían bien: la promesa del Espíritu Santo; la dependencia que tendrían de él (la vid y sus ramas, S. Juan 15:1-17); la persecución de parte del mundo incrédulo; y la certeza de la victoria a pesar de sus aflicciones (capítulo 16:33).

Luego de esto, Jesús oró por sus discípulos. Su corazón se desgarró en solicitud por aquellos que habían recibido su palabra (capítulo 17:8). Esa palabra habría de ser el agente de santificación de sus seguidores. Su petición fue:

"Santifícalos en tu verdad; tu palabra es verdad. Como tú me enviaste al mundo, así yo los he enviado al mundo. Y por ellos yo me santifico a mí mismo, para que también ellos sean santificados en la verdad. Mas no ruego solamente por éstos, sino también por los que han de creer en mí por la palabra de ellos" (S. Juan 17:17-20).

En esta oración estamos incluidos usted y yo. Jesús sabía que los sentimientos humanos siempre necesitan los límites impuestos por la dirección divina. A pesar de las preciosas libertades que nos da el libre albedrío, el ser humano necesita dar forma a su vida espiritual dentro del marco de la verdad divina.

Así como la indiferencia general produce personas vacías y egoístas, toda doctrina equivocada produce una influencia degradante.

En la primavera de 1993, decenas de seguidores de David Koresh murieron consumidos por el fuego en Waco, Texas, entre ellos tres hermosas jóvenes sudamericanas. Koresh mostraba un ferviente interés por interpretar porciones proféticas de la Biblia, especialmente la profecía de los siete sellos de Apocalipsis 5-8.

Pero su teología se distorsionaba profundamente cuando incluía la noción de que Koresh era un mesías pecaminoso. Cuando le aseguraba acceso sexual a las mujeres que lo seguían y cuando instaba a sus fieles a abastecerse con armas para cumplir la profecía de aniquilar a los enemigos de Dios con plomo y explosivos.

Doctrinas equivocadas también llevaron a la muerte a 900 seguidores de Jim Jones en Guyana. Es indudable que errores doctrinales serios que nos hacen fanáticos e insensatos pueden llegar a ser muy peligrosos.

¿Qué podemos aprender de Waco o de Guyana? ¿Qué salvaguardas pueden protegernos de situaciones similares?

La Biblia nos da pruebas exactas para juzgar a los líderes espirituales y sus movimientos religiosos. Son básicamente cuatro.

1. "¡A la ley y al testimonio! Si no dijeren conforme a esto, es porque no les ha amanecido" (Isaías 8:20). Ningún grupo o individuo está por encima de la ley de Dios. Nadie tiene derecho a quebrantarla o menospreciarla. Todo mensaje ha de probarse por las Escrituras y someterse a ellas.

2. "Por sus frutos los conoceréis" (S. Mateo 7:16). Si el mensaje de un grupo o individuo es inspirado por el Espíritu Santo, producirá el "fruto del Espíritu" (Gálatas 5:22). Esto no significa que ha de estar perfectamente libre de debilidades humanas, sino que la tendencia de su vida está en armonía con los principios de la Palabra de Dios.

3. "El profeta que profetiza de paz, cuando se cumpla la palabra del profeta, será conocido como el profeta que Jehová en verdad envió" (Jeremías 28:9). El grupo de Waco profetizó que Cristo vendría en 1959. Es obvio que sus profecías no se cumplieron. A veces se mide la eficacia de profetas modernos en base a porcentaje de profecías cumplidas, pero las profecías divinas *siempre* se cumplen.

4. "Amados, no creáis a todo espíritu, sino probad los espíritus si son de Dios... En esto conoced el Espíritu de Dios:

Todo espíritu que confiesa que Jesucristo ha venido en carne, es de Dios" (1 S. Juan 4:1-3). Este principio postula que la verdadera religión acepta plenamente la encarnación de Dios en la persona de Jesucristo: su deidad y preexistencia, su nacimiento virginal, su vida sin pecado y su ministerio en favor de la redención de los seres humanos. Ese Jesús de las Escrituras es el único Salvador, no hay otro.

El verdadero cristianismo destaca a Jesús y su ministerio como la única base de la salvación humana.

¿Cuán importante es observar las doctrinas correctas?

Pablo le aconsejó a Timoteo: "Entre tanto que voy, ocúpate en la lectura, la exhortación y la enseñanza... Ten cuidado de ti mismo y de la doctrina" (1 Timoteo 4:13, 16).

A Tito le dio una instrucción similar: "Mas tú enseña lo que es conforme a la sana doctrina... Muéstrate dechado de buenas obras: pureza de doctrina, dignidad, palabra sana, intachable" (Tito 2:1, 7-8, Biblia de Jerusalén).

Todos somos vulnerables al error, incluso los que pretenden ser seguidores de Jesús. El Señor advirtió: "Porque se levantarán falsos cristos, y falsos profetas, y harán grandes señales y prodigios, de tal manera que engañarán, si fuere posible, aun a los escogidos" (S. Mateo 24:24).

Dios tiene normas que ha revelado en su Santa Palabra. El desea que sigamos el camino trazado por su Hijo Jesucristo, pero nos da la oportunidad de aceptar o rechazar sus ofrecimientos.

Ser sinceros no basta. Incluso nuestra conciencia no siempre es una guía sabia. La conciencia de algunos les dice que está bien hurtar. A otros les indica que pueden odiar a sus semejantes. En materia religiosa, algunos estiman que deben ser bautizados por aspersión; otros por inmersión. Algunos creen sinceramente que deben adorar a Dios el día viernes, otros el domingo y otros el sábado. Unos piensan que la segunda venida de Cristo será precedida por un rapto secreto, otros rechazan esta interpretación de las Escrituras.

En todos estos casos podríamos estar sinceramente equivocados, pero poco importa lo que nosotros pensamos. Lo que importa es lo que la Biblia dice. Si el Señor oró para que fuésemos santificados en la verdad, es porque es esencial conocerla y recibirla en el alma.

¿Cómo conocer la verdad divina?

El Señor Jesucristo nos invita a estudiar a fondo su Palabra (leer S. Juan 5:39); y se nos ha dado la maravillosa promesa de que "el que quiera hacer la voluntad de Dios, conocerá si la doctrina es de Dios, o si yo hablo por mi propia cuenta" (S. Juan 7:17).

La Palabra de Dios debe ser la norma de toda creencia y conducta. Por eso es que el rey Jorge mandó imprimir el siguiente mensaje en la cubierta de miles de Biblias de bolsillo que luego obsequió a cada soldado británico: "Recomiendo la lectura de este Libro a todos los que sirven en mis fuerzas, sean marítimas o aéreas, en verdad, a todos los que participan en la defensa del reino".[1]

Gabriela Mistral, la famosa escritora chilena ganadora del Premio Nóbel, dijo: "La Biblia es para mí el Libro. No comprendo cómo alguien puede vivir sin ella sin que se empobrezca, ni cómo uno pueda ser fuerte sin esa sustancia, ni dulce sin su miel".

Hoy podemos disfrutar de esa dulce bendición.

---

(1) C. L. Paddock, *God's Minutes*, (Hagerstown, Maryland: Review and Herald, 1990), p. 66.

Capítulo 4

Cómo Conocer la Verdad

"Enséñame, oh Jehová, tu camino; caminaré yo en tu verdad; afirma mi corazón para que tema tu nombre" (Salmo 86:11).

"Compra la verdad, y no la vendas..." (Proverbios 23:23).

El ex campeón mundial de boxeo Muhammad Alí dijo en cierta ocasión: "Cuando se es tan bueno como yo, es difícil ser humilde". No todos nosotros estamos tan seguros de nosotros mismos. Muchos nos lamentamos por problemas con nuestra conducta, nuestra apariencia, nuestra voz, nuestra capacidad intelectual, etc. Pero los últimos años han visto el desarrollo de un influyente movimiento dedicado a tratar con el tema de la estima propia. Se nos inculca que no hay personas malas, sólo personas que piensan mal de sí mismas.

Se cree que el problema de una baja estima propia es la causa de problemas tales como embarazos de adolescentes, drogadicción y problemas escolares. Por esto varios estados de los Estados Unidos han implementado planes para "extirpar los conceptos personales negativos de la sociedad".[1] El Consejo Nacional de Estima Propia de este país señala que en 1993 hubo 10 conferencias nacionales y regionales para tratar con el tema.

Sin embargo, las investigaciones no parecen concluir que los problemas de estima propia sean la raíz de estos males sociales. Hay pocos estudios que relacionen la falta de estima propia con el uso de alcohol. No hay suficiente evidencia para asegurar que existe una relación directa entre la baja estima propia y el abuso infantil. Las personas agresivas pueden tener igualmente una estima propia baja o alta.

El problema con este movimiento es que se le da demasiada importancia al hecho de sentirse bien con uno mismo, dejando a un lado un análisis honesto y revelador de nuestras carencias o defectos. Este superoptimismo se ha introducido en las iglesias en la forma del evangelio de la estima propia, proclamado por Norman Vincent Peale y Robert Schuller.

Todo esto ha producido un nuevo género de creyentes cristianos que escogen las iglesias que mejor se adapten a su estilo de vida. Para proteger la fragilidad del ego de sus miembros, algunas iglesias evitan el tema del pecado o de cambios sustanciales en la conducta y se especializan en hacer sentir bien a todos sus feligreses.

Por el contrario, las Escrituras destacan que la naturaleza humana se inclina a hacer el mal (ver Génesis 6:5; Romanos 3:23; 7:15-24). El propósito cumbre de la redención obrada por Cristo fue salvar a los perdidos, salvar a su pueblo de sus pecados (S. Lucas 19:10; S. Mateo 1:21). Esto requiere una transformación, la cual, si bien es obra de Dios a través del Espíritu Santo, implica una aceptación activa de parte nuestra.

Lo que creemos con relación a la condición del hombre, determina en gran medida nuestra actitud frente al tema. ¿Qué es más importante? ¿Libar del néctar azucarado de un bienestar falso, o enfrentarnos a los sinceros reclamos de la Palabra de Dios?

Y si hemos de amoldar nuestra vida a las enseñanzas de la Biblia, ¿cómo podemos asegurarnos de conocer las doctrinas verdaderas?

El mandato de Cristo de estudiar cuidadosamente las Escrituras implica el uso del intelecto para captar el significado de las enseñanzas divinas. Pero hay ciertos principios bíblicos que se aplican a la búsqueda de la verdad:

1. Para conocer la verdad es necesario conocer la *Verdad.*

Las Escrituras dan testimonio de Jesucristo (S. Juan 5:39). Jesús es la revelación más amplia de Dios. Hebreos 1 lo presenta así: "Dios, habiendo hablado muchas veces y de muchas maneras en otro tiempo a los padres por los profetas, en estos postreros días nos ha hablado por el Hijo" (Hebreos 1:1-2).

Jesús mismo advirtió: "Yo soy el camino, y la verdad, y la vida; nadie viene al Padre, sino por mí" (S. Juan 14:6). Toda enseñanza bíblica ha de verse a través del catalejo de la cruz. El ministerio, sacrificio y resurrección de nuestro Salvador nos han provisto no sólo el camino hacia la salvación, sino que también son el marco de interpretación de toda la Biblia.

Usted y yo necesitamos reconocer nuestra impotencia para resolver el problema del pecado. Dice un antiguo profeta: "Aunque te laves con lejía, y amontones jabón sobre ti, la mancha de tu pecado permanecerá aún delante de mí, dijo Jehová el Señor" (Jeremías 2:22). Acudimos entonces a Jesús, el único que puede perdonarnos y salvarnos. El nos recibe e inicia en nosotros el proceso de la salvación, que incluye el arrepentimiento (ver Hechos 2:38), la confesión (ver Salmo 32:3-5), y el perdón de nuestros pecados (ver Isaías 1:18).

Unicamente esta relación de fe con Jesús permite que seamos capaces de captar y entender las grandes verdades del cristianismo. Sólo podremos beneficiarnos de sus mensajes si somos sus amigos. El apóstol Pablo bien dijo: "Pero el hombre natural no percibe las cosas que son del Espíritu de Dios, porque para él son locura, y no las puede entender, porque se han de discernir espiritualmente... Porque ¿quién conoció la mente del Señor? ¿Quién le instruirá? Mas nosotros tenemos la mente de Cristo" (1 Corintios 2:14-16).

2. Para conocer la verdad, hay que estar dispuesto a obedecerla.

En segundo lugar, debemos tener una actitud de aceptación de la voluntad de Dios y una disposición a guardarla. "El que quiera hacer la voluntad de Dios, conocerá si la doctrina es de Dios, o si yo hablo por mi propia cuenta" (S. Juan 7:17). Cuando la Palabra de Dios encuentra un corazón fértil, echará raíces y dará abundante fruto.

Debemos tener una diferencia fundamental de actitud con respecto a aquel que se acerca a la Biblia y a las actividades religiosas con el deseo de lograr apoyo para su forma de vida. La sociedad occidental actual tiene una extrema afición por maestros y filosofías que permitan hacer prácticamente lo que uno quiera. La Biblia no nos obliga a hacer nada, pero nos muestra el camino hacia una vida infinitamente mejor.

Durante varios años de trabajo pastoral he conocido muchos casos preciosos de personas cuyas vidas han sido transformadas por la verdad. Tengo un amigo llamado Pablo cuya vida cambió dramáticamente como resultado de conocer la Biblia.

Aunque había nacido en un hogar cristiano, Pablo se había convertido en un joven rebelde y vicioso. Para ser aceptado por los jóvenes del barrio utilizó bebidas y drogas. Después de casarse a los 18, él y su esposa continuaron con hábitos perjudiciales y se hundían cada vez más en la crisis. Un día esperaba a unos amigos en una esquina cercana al templo adventista cuando escuchó a un coro que ensayaba un himno. Sintió el deseo de entrar al templo y allí, sentado en la última banca, lloró desconsoladamente.

Dos meses más tarde acudió a un hospital pidiendo ayuda y una enfermera cristiana escuchó sus penas durante más de seis horas. Al día siguiente regresó a su casa, tomó una Biblia y se dirigió a la iglesia. Estudió la Palabra de Dios, fue bautizado, asistió a la universidad, y desde hace varios años es pastor de la Iglesia Adventista en Puerto Rico. El e infinidad de otros han experimentado el extraordinario poder del Evangelio para transformar las vidas humanas.

3. Se debe tener una actitud de investigación sincera. Toda declaración que pretenda ser una doctrina de origen y autoridad divinas, debe analizársela cuidadosamente. El apóstol Pablo aconsejó: "Examinadlo todo, retened lo bueno" (1 Tesalonicenses 5:21).

En el Nuevo Testamento, el libro de Hechos incluye palabras de alabanza para los habitantes de Berea, porque estos no aceptaban libremente toda declaración de los apóstoles, sino que estudiaban las Escrituras para confirmar si las palabras de Pablo estaban de acuerdo con ellas. "Y éstos [los de Berea] eran más nobles que los que estaban en Tesalónica, pues recibieron la palabra con toda solicitud, escudriñando cada día las Escrituras para ver si estas cosas eran así" (Hechos 17:11).

4. Se debe pedir la ayuda del Espíritu Santo por medio de la oración.

La Biblia nos enseña que "nadie conoció las cosas de Dios, sino el Espíritu de Dios" (1 Corintios 2:11). En el versículo anterior se nos dice que "Dios nos las reveló a nosotros por el Espíritu; porque el Espíritu todo lo escudriña, aun lo profundo de Dios".

Una de las promesas más valiosas que nos hiciera Jesús fue la de otorgarnos la ayuda del Espíritu Santo. Sus palabras fueron: "Mas el Consolador, el Espíritu Santo, a quien el Padre enviará en mi nombre, él os enseñará todas las cosas, y os recordará todo lo que yo os he dicho" (S. Juan 14:26).

Por eso es menester aproximarse al estudio de la Biblia con un espíritu de oración. El apóstol Pablo oraba "para que el Dios de nuestro Señor Jesucristo, el Padre de gloria, os dé espíritu de sabiduría y de revelación en el conocimiento de él" (Efesios 1:17). El salmista David rogaba a Dios: "Abre mis ojos, y miraré las maravillas de tu ley" (Salmo 119:18).

El mismo Espíritu que inspiró la Biblia puede guiar nuestros pasos en la comprensión de la voluntad divina. El hombre natural no entiende las cosas de Dios, por eso necesitamos la conducción del Espíritu Santo.

En los próximos capítulos vamos a analizar algunas de las enseñanzas de Jesús, tal como se las presenta en su ministerio y a través de sus declaraciones. Como advertimos en la introducción, estas son enseñanzas que parten de los grandes pilares de la fe cristiana y nos conducen a una relación especial con nuestro Salvador. Están dirigidas a nosotros, son mensajes de un Amigo.

---

(1) Ver *Newsweek*, 17 de febrero, 1993, pp. 46-52.

El mensaje de la vida

Capítulo 5

La Fuente de la Eterna Juventud

"El que cree en mí, tiene vida eterna" (S. Juan 6:47).

John Baille declara en su libro *And the Life Everlasting*: "En realidad no es la cortedad de la vida lo que nos ofende, más bien su transitoriedad: no que termina pronto, sino el hecho de que tiene fin. Y aun nos ofende más el que —mientras dura— está compuesta únicamente de terminaciones, de encuentros y despedidas, de recuerdos y deseos y de una cosa tras otra".

A menudo me encuentro hablando acerca de la rapidez con la que pasan los años. Con personas de mi edad comentamos cuán próximo está el año 2000; cuán cercano aún nos parece el día de nuestra boda, de nuestra graduación de universidad, o de escuela superior... como si hubiera sido ayer.

Nuestros hijos crecen aceleradamente y de pronto se convierten en nuestros amigos. Un día notamos que los protagonistas de las últimas noticias en su mayoría tienen menos edad que nosotros. Que la palabra "joven" ya no nos describe tan acertadamente, ni tampoco el vocablo "esbelto".

No somos los únicos que se han preocupado por el paso de los años y sus efectos. En 1513, Juan Ponce de León, gobernador de Puerto Rico, explorador y colonizador del Nuevo Mundo, salió en búsqueda de la fuente de la juventud. Su persistencia causó la muerte de sus soldados presa de la enfermedad, y él mismo murió en lo que luego llegó a ser el Estado de la Florida bajo los flechazos de los indios nativos de esa zona.

El anhelo de encontrar la fuente de la juventud no se ha extinguido. Hace varios meses el *Diario de la Medicina de Nueva Inglaterra* informó sobre el trabajo del científico norteamericano Daniel Rudman en el campo del envejecimiento. El Dr. Rudman comenzó a usar la hormona del crecimiento (HGH), para retardar el envejecimiento en 11 ancianos de 61 a 81 años de edad. Después de seis meses, los que recibieron el tratamiento tuvieron un aumento ligero en la masa muscular, disminución de grasa, aumento en el espesor de la piel y la densidad ósea.[1]

Aunque este experimento no es concluyente, se sabe que el uso de HGH podría causar diabetes en personas propensas. La hormona también podría desarrollar las células de cualquier tumor no detectado. Podría producir edemas o retención de líquidos.

Estos no son los únicos estudios sobre maneras de contrarrestar los efectos del envejecimiento. La revista *Circulation* publicó los resultados de un análisis computarizado del tiempo que podrían añadir a su vida aquellos que eliminan los hábitos o condiciones que aumentan el riesgo de enfermarse del corazón.

Entre las proyecciones publicadas, si el hombre promedio de 35 años de edad reduce su presión arterial, podría añadir un año a su vida. Si baja su nivel de colesterol a menos de 200, viviría ocho meses más. Dejar de fumar significa diez meses más de vida, y bajar de peso podría añadir siete meses.

En el caso de las damas, una mujer que logre bajar su presión arterial podría añadir cinco meses a su vida; reducir el colesterol significaría diez meses más de vida; dejar de fumar unos ocho meses; y perder peso, cinco.

Eliminar todas las condiciones peligrosas podría añadir 3,1 años a la vida de un hombre y 3,3 años a la vida de una mujer. Para las personas que presentan problemas serios tales como un nivel de colesterol elevado, o un alto consumo de cigarrillos, eliminar estos riesgos puede significar mucho más en términos de años adicionales de vida.[2]

La ciencia busca muchas otras maneras de prolongar la vida humana. Procedimientos quirúrgicos avanzados eliminan órganos enfermos y los sustituyen por órganos sanos de personas que han muerto en accidentes o por otras enfermedades. Se trasplantan córneas, huesos, riñones, pulmones, corazones y piel. Se hacen trasplantes a recién nacidos y a personas de edad más avanzada.

Hay incluso compañías que pretenden cuidar de nuestros cuerpos después de la muerte. La ciencia criogénica ha desarrollado métodos y equipos para congelar cabezas o cuerpos humanos durante años para darles la oportunidad de quizá ser resucitados cuando se encuentre la forma de contrarrestar sus enfermedades.

De por sí, la "enfermedad" que todos desean evitar es la vejez misma. Esta etapa inexorable de la vida trae pensamientos depresivos a la mayoría de las personas. Algunas, inútilmente intentan detener el reloj de la vida ocultando su edad verdadera. Otras recurren al cirujano plástico vez tras vez para estirarse una piel que insiste en mostrar las huellas de la experiencia.

La imagen que muchos tienen de la vejez es la de personas enfermas, mentes débiles y cabellos canosos y escasos. La piel ya no es flexible y suave.[3] Salen verrugas, manchas y surgen moretones fácilmente. Los huesos se vuelven huecos, débiles y quebradizos. Cuando se quiebran tardan más en sanarse. También hay cambios en los cartílagos y la mayoría de los ancianos sufren de artritis o reumatismo.

Los órganos internos también decaen. El corazón se torna

menos eficaz y las arterias y venas se degeneran, pierden elasticidad y se tupen con grasa y desechos. Los músculos que levantan las costillas se debilitan y el número de bolsillos de aire de los pulmones disminuye. Por eso casi todos los ancianos padecen de enfisema.[4]

Los riñones filtran la sangre con mayor lentitud en los ancianos y las células renales dañadas no son reemplazadas. Los intestinos en personas mayores de edad también pierden células, especialmente en la mucosa que cubre la pared interior. La cantidad de jugos gástricos disminuye y los ancianos sufren a menudo de estreñimiento y de problemas de nutrición.

Los cambios que más preocupan a la mayoría son los cambios que ocurren en el cerebro y el sistema nervioso. El cerebro también pierde células y peso como los otros órganos y el flujo de sangre disminuye con el paso de los años.

Todas estas pérdidas contribuyen a que los ancianos sufran de depresión y se sientan desanimados. Además, los ancianos llevan con ellos el peso de toda una vida de experiencias, muchas de las cuales han sido dolorosas y negativas.

Finalmente, la vejez conduce inevitablemente a la muerte. El tema de la muerte se va haciendo cada vez más frecuente en los pensamientos de las personas que enfrentan los embates de la vejez. Cuando somos niños, no captamos el concepto de la muerte como el fin de toda experiencia humana. Al crecer, llegamos a sentirnos invulnerables y todopoderosos. Miramos con recelo a los ancianos y nos molestan sus achaques. Luego, al caer sobre nosotros las consecuencias del paso de los años, comenzamos a sentirnos frágiles y a temer las caídas, lo imprevisto y al futuro mismo.

Algunos temen mucho más a la muerte porque consideran que la vida misma no tiene significado alguno y por lo tanto la muerte es un terrible vacío sin respuestas ni esperanza. La mayoría en la sociedad moderna intenta extender su vida a través de la vida de sus hijos o por medio de alguna contribución permanente a la sociedad. A esa se le podría llamar inmortalidad social. Pero, no importa cómo se lo intente, es muy difícil enfrentar la muerte sin la esperanza religiosa de una vida mejor en el más allá.

De hecho, 75 por ciento de norteamericanos cree en la vida después de la muerte.[5] El problema es que la mayoría colocan sus esperanzas de inmortalidad en creencias erróneas y hasta peligrosas.

La búsqueda de inmortalidad ha hecho que el hombre adopte la creencia de que el alma es inmortal. En otras palabras que, no importa lo que suceda, todo ser humano continúa viviendo eternamente, debido al hecho fundamental de que no puede morir.

Los indios creen que cuando uno muere, viaja a través del país de los espíritus, donde no hay guerras ni muerte.

Platón enseñó que cuando una persona muere, el alma abandona el cuerpo y se reúne nuevamente con el "Alma" universal o Dios. De ese concepto de una naturaleza humana dual en la que el cuerpo es la cárcel del alma, parten toda serie de creencias. Entre éstas, muchos creen en el fenómeno de la reencarnación. O sea, que el alma después de la muerte vuelve a entrar en la existencia en una nueva forma que puede ser humana, subhumana (de un animal), o suprahumana (un espíritu con poderes sobrenaturales).

Los musulmanes también creen que el alma continúa viviendo, ya sea en felicidad o en tormento. Los antiguos egipcios creían en un elaborado cruce al otro lado de un fantástico río, en un barco piloteado por la muerte misma. Para esa fabulosa expedición hacían todo lo posible por proteger sus cadáveres y proveerles todo tipo de alimentos y provisiones. En el caso de los faraones, levantaban enormes monumentos con intrincados pasadizos para asegurar la feliz travesía al otro mundo. Creían que mientras más cuidadosos y generosos fuesen con el cuerpo de un faraón, más oportunidades tendrían de ser protegidos por éste desde el más allá.

¿Qué sucede en realidad cuando morimos? ¿Cuando cruzamos al fin esa última barrera que nos inserta en lo desconocido? ¿Volveremos a vivir otra vez? ¿A dónde iremos? ¿Acaso el Señor Jesucristo nos dejó en la oscuridad con respecto a este fenómeno universal de la muerte?

¿Qué dice la Biblia sobre la muerte?

Felizmente, la Biblia constituye una magnífica ayuda en cuanto al tema de la muerte y la esperanza cristiana de la vida eterna. El ministerio terrenal de nuestro Señor mostró ser un enfrentamiento continuo entre la vida y la muerte.

Poco después de su nacimiento, siendo todavía una tierna criatura, sus padres tuvieron que huir a Egipto con él para protegerlo contra un decreto de muerte. Inició su ministerio de milagros en una boda, la institución divina fundada para la procreación y reproducción de la vida humana. Luego enfrentó incontables desafíos en la forma de enfermos y enfermedades de todo tipo, y hacia el final de su ministerio resucitó a varias personas, lo que causó que lo siguieran grandes multitudes.

Antes de recordar algunos de esos encuentros de Jesús con la muerte, veamos algunas enseñanzas básicas de la Biblia sobre este tema. En primer lugar, Génesis 2:7 nos explica que "Jehová Dios formó al hombre del polvo de la tierra, y sopló en su nariz aliento de vida, y fue el hombre un ser viviente".

En la creación del primer ser humano, Dios utilizó dos elementos: polvo de la tierra y aliento de vida. El resultado del proceso de unión de ambos produjo un "ser viviente". Dios no colocó un alma dentro de Adán, sino que le concedió vida con su propio aliento.

Al morir ocurre exactamente lo contrario, tal como lo explica Eclesiastés 12:7. "Y el polvo vuelva a la tierra, como era, y el espíritu vuelva a Dios que lo dio". No hay indicación alguna de que el espíritu (en hebreo *rúaj*), o aliento, sea una entidad consciente separada del cuerpo. Por eso la

Biblia dice que "el alma que pecare, esa morirá" (Ezequiel 18:20).

Salomón declaró que "lo que sucede a los hijos de los hombres, y lo que sucede a las bestias, un mismo suceso es: como mueren los unos, así mueren los otros, y una misma respiración tienen todos; ni tiene más el hombre que la bestia... ¿Quién sabe que el espíritu de los hijos de los hombres sube arriba, y que el espíritu del animal desciende abajo a la tierra?" (Eclesiastés 3:19-21). Según Salomón, no hay diferencia entre el espíritu (*rúaj*) de los hombres y el de los animales.

Lo que vuelve a Dios en ocasión de la muerte no es otra cosa que la energía vital que al principio impartió a Adán. Según la Biblia, la muerte es un estado de inconsciencia total. Por eso el salmista describió el momento de la muerte con estas palabras: "Sale su aliento, y vuelve a la tierra; en ese mismo día perecen sus pensamientos" (Salmo 146:4).

La muerte es un sueño. Así se la describe en el Antiguo Testamento cuando se refiere a la muerte de David, Salomón y los demás reyes de Israel, diciendo que dormían con sus padres (ver 1 Reyes 2:10; 11:43; 14:20, 31; 15:8, etc.).

Job habló sobre la brevedad de la vida y llamó a la muerte un sueño: "El hombre yace y no vuelve a levantarse; hasta que no haya cielo, no despertarán, ni se levantarán de su sueño" (Job 14:12; vea también Salmo 13:3; Jeremías 51:39, 57; Daniel 12:2).

El Nuevo Testamento se refiere a la muerte en los mismos términos. Al describir la condición de la hija de Jairo, que estaba muerta, Jesús dijo que dormía (S. Mateo 9:24). También dijo lo mismo de Lázaro. San Lucas, al hablar del martirio de Esteban, dijo que este "durmió" (Hechos 7:60).

La Biblia es clara al referirse a lo que ocurre cuando una persona muere. "Los que viven saben que han de morir; pero los muertos nada saben, ni tienen más paga; porque su memoria es puesta en olvido. También su amor y su odio y su envidia fenecieron ya; y nunca más tendrán parte en todo lo que se hace debajo del sol... Todo lo que te viniere a la mano para hacer, hazlo según tus fuerzas; porque en el sepulcro, adonde vas, no hay obra, ni trabajo, ni ciencia, ni sabiduría" (Eclesiastés 9:5-6, 10).

Es claro que la muerte significa el fin de toda vida consciente. No hay actividad mental, "nada saben". "Sale su aliento, y... en ese mismo día perecen sus pensamientos" (Salmo 146:4). También termina toda otra actividad, "no hay obra, ni trabajo, ni ciencia". Toda creencia o temor basado en la supervivencia de una entidad espiritual inteligente y activa después de la muerte es antibíblico y falso. En el próximo capítulo hacemos referencia a este peligro y a la solución divina para el problema de la muerte.

En la Biblia la palabra *inmortal* sólo se aplica a Dios. Se la menciona una sola vez en las Escrituras, en 1 Timoteo 1:17: "Por tanto, al Rey de los siglos, *inmortal*, invisible, al único y sabio Dios, sea honor y gloria por los siglos de los siglos". En la misma epístola el apóstol Pablo vuelve a referirse a Dios como "el único que tiene inmortalidad, que habita en luz inaccesible; a quien ninguno de los hombres ha visto ni puede ver, al cual sea la honra y el imperio sempiterno" (1 Timoteo 6:16).

La única fuente de inmortalidad

En la Biblia se señala que Jesucristo es la única fuente de inmortalidad. "La paga del pecado es muerte, mas la dádiva de Dios es vida eterna en Cristo Jesús Señor nuestro" (Romanos 6:23). Cuando Dios creó a Adán y Eva, les dio libre albedrío, pero les advirtió que si desobedecían perderían el don de la inmortalidad. El día en que comieran del "árbol de la ciencia del bien y del mal" morirían (Génesis 2:17). Cuando transgredieron, escucharon la sentencia divina que los condenaba a la muerte: "Polvo eres, y al polvo volverás" (Génesis 3:19).

La muerte que ahora reinaba en Adán por su desobediencia, "pasó a todos los hombres, por cuanto todos pecaron" (Romanos 5:12). La única manera en la que el ser humano podía recuperar la inmortalidad era a través de una completa y perfecta armonía con Dios y su voluntad. Ya que para el hombre, en su condición caída, esto era un imposible, Dios, desde el mismo momento de la primera desobediencia, dispuso un plan para rescatar al hombre y devolverle la vida.

Este plan se cumplió en su Hijo "Jesucristo, el cual quitó la muerte y sacó a luz la vida y la inmortalidad por el evangelio" (2 Timoteo 1:10). "Porque así como en Adán todos mueren, también en Cristo todos serán vivificados" (1 Corintios 15:22). El versículo más conocido de toda la Biblia nos dice: "Porque de tal manera amó Dios al mundo, que ha dado a su Hijo unigénito, para que todo aquel que en él cree, no se pierda, mas tenga vida eterna" (S. Juan 3:16).

Cuando los discípulos por primera vez se enfrentaron al reclamo de la divinidad de Cristo, según el capítulo 6 de San Juan, y muchos flaquearon ante las implicaciones de sus palabras, el Señor los confortó diciendo: "Esta es la voluntad del que me ha enviado: Que todo aquel que ve al Hijo, y cree en él, tenga vida eterna; y yo le resucitaré en el día postrero" (S. Juan 6:40). Poco después repitió: "El que cree en mí, tiene vida eterna" (versículo 47).

La respuesta divina al fenómeno de la muerte tiene dos partes: el creyente recibe vida espiritual de calidad eterna ahora, al creer; y luego recibirá vida inmortal en ocasión de la segunda venida de Cristo. El apóstol Pablo se refirió a la vida espiritual presente cuando dijo:

"Pero Dios, que es rico en misericordia, por su gran amor con que nos amó, aun estando nosotros muertos en pecados, nos dio vida juntamente con Cristo" (Efesios 2:4-5). Un poco antes había declarado: "El [Cristo] os dio vida a vosotros, cuando estabais muertos en vuestros delitos y pecados" (versículo 1).

El ministerio de Cristo produjo varios encuentros explosivos entre la Vida y la muerte. Jesús apenas había dejado la casa de Mateo, un colector de impuestos y su más reciente discípulo, cuando un príncipe de los judíos vino a él con un pedido desesperado: "Mi hija está agonizando; ven y pon las manos sobre ella para que sea salva, y vivirá" (S. Marcos 5:23).

Cuando Jesús y la multitud llegaron a la casa de Jairo, después de detenerse para sanar a una mujer enferma de flujo, ya se había recibido la noticia de la muerte de la niña. Jesús se volvió a aquel hombre a quien le parecía que el mundo se le venía encima y le dijo: "No temas, cree solamente".

Al entrar en la casa, se dirigió a los que lloraban y les dijo: "¿Por qué alborotáis y lloráis? La niña no está muerta, sino duerme" (versículos 36, 39). Luego echó fuera a todos los presentes, excepto al padre y a la madre de la niña y a tres discípulos, y entró a la habitación. Allí, ante aquel grupo pequeño ocurrió el precioso milagro que hoy podemos recordar con asombro.

En medio de un silencio únicamente interrumpido por los sollozos ahogados de los padres, Jesús se acercó al cuerpo inerte sobre la cama, una niña de doce años, el orgullo y felicidad de su padre, quien habría dado todo lo que tenía por devolverle la vida. Pero ahora yacía inmóvil. La alegre voz de la niña amada ya no se escuchaba, ni sus ojos brillantes sonreían.

"Tomando la mano de la niña, [Jesús] le dijo: Talita cumi; que traducido es: Niña, a ti te digo, levántate" (S. Marcos 5:41). No sabemos si el poder divino se transmitió a través de las rudas manos de carpintero, si una tremenda descarga de energía vital recorrió la mano, luego el brazo y el tórax de la niña despertando órganos dormidos. O si fueron sus palabras las que ejercieron su función creadora... "Sea la vida". Ciertamente sabemos que la hija de Jairo se levantó de su lecho y que todos quedaron sorprendidos y admirados.

Allí estaba la Vida, y la muerte huyó ante ella.

En otra ocasión Jesús detuvo a un cortejo fúnebre que se dirigía al camposanto entre quejidos y la angustia de una madre que había perdido a su único hijo. "Y cuando el Señor la vio —dice la Palabra—, se compadeció de ella, y le dijo: No llores. Y acercándose, tocó el féretro; y los que lo llevaban se detuvieron. Y dijo: Joven, a ti te digo, levántate. Entonces se incorporó el que había muerto, y comenzó a hablar. Y lo dio a su madre" (S. Lucas 7:12-15).

Podemos imaginarnos que aquel cortejo fúnebre se transformó en un desfile de alegría y de victoria. Los que habían salido de la ciudad de Naín con congoja y pesadumbre, ahora regresaron dando saltos de gozo y contando lo que habían visto. El ataúd posiblemente quedó al lado del camino, testigo vacío del extraordinario poder del Salvador.

Frente a Jesús no sólo huyó la muerte, también se disiparon las tinieblas de la tristeza y el dolor de la separación. Gracias a él renacieron las esperanzas y comenzó una nueva aurora de felicidad. Pero aunque Jesús —nuestro Amigo divino— escogió resucitar a la hija de doce años de edad, al hijo de la viuda de Naín y a Lázaro, la promesa de la resurrección definitiva se extiende hacia el futuro.

Su mensaje para los creyentes de todas las edades en cuanto a la muerte es el mismo: "Yo soy la resurrección y la vida; el que cree en mí, aunque esté muerto, vivirá. Y todo aquel que vive y cree en mí, no morirá eternamente" (S. Juan 11:25-26).

Aquellos gloriosos eventos sólo fueron las primicias del gran día final de la resurrección, cuando "los muertos oirán la voz del Hijo de Dios; y los que la oyeren vivirán. Porque como el Padre tiene vida en sí mismo, así también ha dado al Hijo el tener vida en sí mismo...; vendrá hora cuando todos los que están en los sepulcros oirán su voz; y los que hicieron lo bueno, saldrán a resurrección de vida; mas los que hicieron lo malo, a resurrección de condenación" (S. Juan 5:25-29).

---

(1) *Visión*, 16 al 30 de junio, 1992, p. 63. (2) Mike Snider, *USA Today*, 15 de abril, 1991. (3) Judith Stevens-Long y Michael L. Commons, *Adult Life* (Mountain View, California: Mayfield Publishing Co., 1992), pp. 390-393. (4) Se ha comprobado que un estilo de vida saludable puede posponer algunos de estos procesos degenerativos. (5) *Adult Life*, p. 506.

El mensaje de la vida—2

Capítulo 6

Vida Unicamente en Dios

Desde la entrada de la muerte en la experiencia humana, en cada hombre y mujer se perciben anhelos profundos de inmortalidad. Cada lágrima, gemido y angustia claman por la restauración definitiva. Más allá de las tinieblas de la muerte esperamos ansiosos la mañana gloriosa de la resurrección. Esa esperanza, ese mensaje de vida que refulge en las Sagradas Escrituras, reposa segura en la victoria de nuestro Amigo Jesucristo. "Yo soy la resurrección y la vida; el que cree en mí, aunque esté muerto, vivirá" (S. Juan 11:25).

Como ministro he visto muchos funerales en varios países. Nunca he estado en un funeral donde no haya percibido una gran tristeza. Los seres humanos nos resistimos a la idea y mucho más a la presencia de ese elemento extraño que nos roba la felicidad, que arruina los más hermosos sueños y nos deja solos y desconsolados. Para contrarrestar ese oscuro espectro de la muerte, muchos se aferran a cualquier ideología que les ofrezca esperanza.

La noción de que existe un mundo paralelo de espíritus que incluye las almas de aquellos que han muerto es popularizada por los medios de comunicación y por los cultos de diversas religiones, desde los salones de espiritismo afro-caribeño y hasta en las más sofisticadas y elegantes catedrales de Occidente. Se encuentra en los ritos del candombe de Brasil y en los dioses vudús de Haití, en la santería cubana y en las iglesias católicas y protestantes.

La doctrina de la inmortalidad del alma ha sido la base de numerosas creencias a través de los siglos. Comenzó con la fatídica frase de Satanás en el Edén, cuando le aseguró a Adán y Eva que, contrariamente a lo dicho por Dios, no morirían al comer del árbol de la ciencia del bien y el mal: "No moriréis" (Génesis 3:4). Desde ese momento el hombre ha creído la mentira de que el ser humano tiene un alma inherentemente inmortal.

Dios privó a la primera pareja de acceso al árbol de la vida y declaró cuáles eran las terribles consecuencias del pecado, entre ellas la muerte (Génesis 3:16-19). El pecado, al ser una barrera entre el hombre y la fuente de vida que es Dios, fue el inicio de la extinción de la vida humana.

Esa mentira de Satanás le dice al hombre que su vida no depende de Dios. Que el hombre no necesita obedecer a Dios ni entrar en relación con él para vivir eternamente. Esa mentira encontró una expresión poderosa en el dualismo griego, que estipulaba que el alma inmortal del hombre se encontraba presa dentro de la cárcel del cuerpo. En ocasión de la muerte, el espíritu quedaba libre para unirse al alma universal (Dios) o para influir en la vida de los vivos.

Las muchas formas del espiritismo enseñan que las almas de los muertos pasan a un mundo espiritual que puede comunicarse con el mundo físico. Estas almas tienen a menudo un proceso de perfeccionamiento que las va acercando a la gloria. Algo que hace que esta doctrina sea atractiva para muchos es la posibilidad de comunicarse con seres queridos que han pasado al descanso.

En las sesiones de espiritismo un médium generalmente intenta entrar en contacto con este mundo espiritual para recibir consejo y dirección. La Biblia enseña que esta práctica es totalmente errónea y peligrosa. Hay varias razones para rechazar el espiritismo, he aquí un resumen de ellas:[1]

1. Los muertos nada saben. Cuando el ser humano muere, entra en un estado de absoluta inconsciencia (Eclesiastés 9:5-6, 10).

2. Mentira de Satanás. Debido a que los fenómenos del ocultismo no pueden ser producidos por los espíritus de los muertos, deben ser el producto del engaño satánico. Como ya se mencionó, la serpiente edénica, el primer médium empleado por Satanás, le dijo a Eva: "No moriréis", contradiciendo a Dios que le había dicho al hombre que si pecaba moriría (Génesis 3:1-4).

3. Los espíritus son ángeles caídos. Los espíritus que producen las manifestaciones espiritistas no son otros que Satanás y todos sus ángeles caídos o demonios. Estos todavía conservan algunos de sus poderes sobrehumanos y producen los supuestos milagros del ocultismo (ver Isaías 14:12-15; Ezequiel 28:13-17; Efesios 6:12-13; Apocalipsis 12:7-9).

4. Satanás es el padre de toda mentira. El diablo desea engañar y causar la perdición eterna de todo ser humano, por odio a Dios y por antagonismo contra todo lo que sea verdad (S. Juan 8:44; 2 Tesalonicenses 2:8-10).

5. No se puede ser espiritista y cristiano a la vez. El espiritismo se basa en la mentira y contradice la Palabra de Dios. La filosofía del espiritismo se basa en la salvación del hombre por medio de sus propias obras y la reencarnación, prescindiendo de Cristo.

6. La Biblia condena el ocultismo en todas sus formas. Dios prohíbe el consultar a los muertos, el asistir a reuniones espiritistas o participar en alguna actividad relacionada. He aquí un par de versículos al respecto:

"No os volváis a los encantadores ni a los adivinos; no los consultéis, contaminándoos con ellos. Yo Jehová vuestro Dios" (Levítico 19:31).

"No sea hallado en ti quien haga pasar a su hijo o a su hija por el fuego, ni quien practique adivinación, ni agorero, ni sortílego, ni hechicero, ni encantador, ni adivino, ni mago, ni quien consulte a los muertos. Porque es abominación para con Jehová cualquiera que hace estas cosas" (Deuteronomio 18:10-12).

Las iglesias populares enseñan la doctrina de la inmortalidad del alma al proclamar que cuando una persona muere va inmediatamente al cielo o al infierno, o a un lugar intermedio llamado por muchos el purgatorio. Esta adaptación de la mentira satánica se opone a la doctrina bíblica de la resurrección de los muertos, la que enseña que los muertos reposan en el sepulcro hasta el momento en que Jesús los llame en ocasión de su venida. Para una consideración breve de la doctrina del infierno y su relación con el tema de la inmortalidad del alma, vea la nota al final de este capítulo.

Nuevas y peligrosas formas de la antigua mentira

Hace poco leí un fascinante libro sobre los peligros de la Nueva Era escrito por Manuel Vásquez, vicepresidente de la Iglesia Adventista en los Estados Unidos y Canadá.

La Nueva Era es un movimiento "religioso" heterogéneo que recoge en su seno a todas las religiones orientales y cristianas y las sintetiza bajo una misma sombrilla. En su libro, Vásquez se refiere a la manera en que la Nueva Era se introduce en los hogares por medio de inocentes juguetes y programas de televisión.

Es tan poderosa la influencia de esta propaganda que muchos temen que nuestros niños están creciendo en una cultura neopagana. "Hace algún tiempo —declara Vásquez— la mayor preocupación de los padres concerniente a los programas infantiles era la violencia, pero ahora existe un problema doble: la violencia y las filosofías de la Nueva Era".[2]

Entre los personajes televisivos citados se encuentran: *He-Man, Masters of the Universe* (Dueños del universo), con una pesada temática espiritualista que incluye invocaciones y magia blanca y negra. Otros personajes culpables de predicar la Nueva Era son: Los Pitufos (Smurfs), con amplio uso de magia; *My Little Pony*, preciosos caballitos de colores que cuentan con la ayuda de un gran mago, y los *Care Bears*, que muestran escenas de brujería y símbolos paganos.

La compañera de *Bucky O'Hare*, otro personaje infantil, tiene un tercer ojo en la frente, obviamente basado en una antigua doctrina hindú. *Captain Planet* (Capitán Planeta), otro programa para niños, presenta el poder de la diosa Gaia, la madre Tierra, una de las enseñanzas más destacadas de la Nueva Era.

Los *Ninja Turtles* y hasta los *Paw Paw Bears* muestran la influencia de creencias paganas específicas. En general destacan los poderes mentales del ser humano a través de la meditación y la presencia de espíritus desencarnados que se comunican con los vivos.

Escritores como Anges Sanford y otros relacionan los principios orientales de la Nueva Era con la curación de los enfermos. En uno de sus libros ella hace la siguiente declaración: "Desde hace siglos, los iniciados hindúes han alcanzado las sublimes cimas de la meditación, desarrollando por medio de ella sus poderes psicológicos y dando lugar al nacimiento de su superalma. Los espíritus de los muertos, por los que hemos elevado oraciones aquí en la tierra, están obrando a través nuestro... Es posible transmitir este poder de curación al ser interior [de los enfermos] aplicando la ley de la sugestión".[3]

Entre los elementos que resaltan en este influyente movimiento está el movimiento ecológico que se basa en la ideología del panteísmo: el concepto de que Dios está consustanciado con la naturaleza y por lo tanto cada animal y cada árbol es sagrado. No hay nada malo en apoyar el cuidado del medio ambiente, pero no debemos sucumbir a la esencia del paganismo detrás del movimiento ecológico.

La medicina natural, que puede ser de inmensa ayuda en la práctica, también presenta ingredientes esotéricos tales como la meditación y diversas prácticas mágicas (el uso de minerales como el cuarzo y el cobre).

Pero el mayor peligro de la Nueva Era radica en lo que hace con la doctrina de Cristo, el Mesías de las Escrituras. Los seguidores de la Nueva Era generalmente separan al hombre Jesús del "Cristo". Cuando se refieren a Jesús no piensan en él como el único Mesías. Creen que él es una de muchas manifestaciones de un poder universal al que llaman Dios.

Según proponentes de la Nueva Era, Cristo "adquirió su divinidad mientras tenía vida humana. Esa es la definición de lo que es ser Cristo... Todo ser humano puede obtener [la misma condición]..."[4]

Numerosas fuentes se unen en enseñar la idea de que el poder para obtener la redención se encuentra dentro del ser humano. Pero ninguna de estas tiene la validez de las Escrituras, basadas y corroboradas por miles de manuscritos hebreos y griegos. Estas son absolutamente claras en señalar que la salvación procede de una fuente externa a nosotros los humanos. Jesús contradijo todas las supercherías de la Nueva Era cuando aseguró: "Yo soy el camino, y la verdad, y la vida; nadie viene al Padre, sino por mí" (S. Juan 14:6).

El apóstol Pedro, según el recuento de San Lucas, se refirió a Jesús cuando dijo: "Y en ningún otro hay salvación; porque no hay otro nombre bajo el cielo, dado a los hombres, en que podamos ser salvos" (Hechos 4:12).

Los espíritus guías del nuevo paganismo: los extraterrestres que supuestamente se interesan en la experiencia humana, y otras manifestaciones actuales basadas en la idea de la inmortalidad del alma, pierden todo su poder y atracción cuando se enfrentan a la figura pura y amante del Salvador Jesús. No "hay otro nombre... en quien podamos ser salvos".

Pensemos ahora en el evento que significa la base de la esperanza cristiana y que ejemplificó el método divino de resolver el problema de la muerte...

El sepulcro vacío

Jesús descansaba. Aunque su madre y sus discípulos lloraban, había gozo en el cielo. Este era el sábado de la redención. Su obra era completa. Su costado había derramado sangre y agua. Su corazón se había quebrantado bajo la intensa angustia provocada por el temido rechazo de su Padre (S. Mateo 27:46). Como el protagonista de un evento único en el universo y la historia, había enfrentado solo la pesada responsabilidad de vencer el pecado y rescatar a la raza humana. Ahora se encontraba en el sepulcro de José de Arimatea.

La situación geográfica de la tumba ha sido fijada por la tradición en las afueras de Jerusalén. Aunque los cristianos huyeron de la ciudad cuando ésta fue sitiada por Tito, volvieron a ella tres años después. Durante los primeros tres siglos de la era cristiana, numerosos creyentes visitaron la ciudad con el deseo de conocer los lugares donde Cristo sufrió y murió.

Allí se han construido y destruido varios edificios, el primero de ellos en el 336 d. C. Dentro de la capilla actual se encuentra un pequeño local de paredes cubiertas de mármol e iluminado por un gran número de lámparas de oro y plata. Sobre el piso y con una pesada losa de mármol se señala el lugar donde Cristo fue enterrado.[5]

Si la tradición no se equivoca, aquí reposó el Salvador después de terminar su obra. Aquí el Señor escuchó la voz de un poderoso mensajero celestial y se levantó por sus propias fuerzas, con lo que violó la ley de la muerte y la condenación. Nadie pudo quitar la vida al Hijo de Dios, sino que él la puso para volverla a tomar (S. Juan 10:17-18).

En este lugar, hace casi dos mil años, ocurrió el milagro

más significativo de cuantos registran los Evangelios. Dejemos que un par de soldados romanos nos cuenten lo que ocurrió:

—No pude aceptar el soborno de Caifás —exclamó con labios trémulos el soldado, mientras sus ojos pardos brillaban febrilmente—; y sé que aunque mis compañeros sí lo hicieron, ellos tampoco podrán olvidar lo que sucedió aquella madrugada.

Su confidente, uno de los muchos ciudadanos romanos que vivían en Jerusalén, le preguntó:

—¿Qué fue exactamente lo que sucedió?

—Estábamos de guardia junto a la tumba de Jesús —continuó el soldado—, el llamado "Rey de los judíos" (S. Mateo 27:37). Pero ninguno de nosotros se durmió, aunque eso fue lo que los sacerdotes nos pidieron que declarásemos. Estábamos preocupados por lo ocurrido. Sabíamos que nos enfrentábamos al peligro de una insurrección de los judíos. Además, las legiones romanas no teníamos la reputación de ser el mejor ejército del mundo por dormirnos en nuestros puestos de guardia.

—Algunos conversábamos; otros limpiaban sus armas. De pronto... fuimos estremecidos por una extraña conmoción. La tierra tembló; una luz sobrenatural nos encegueció, y escuchamos la voz de un impresionante personaje vestido de blanco resplandeciente. La roca que tapaba la entrada de la tumba comenzó a rodar... Todo sucedió en pocos segundos. Pero una imagen permanece indeleble en mi memoria: la silueta que vi dibujada en la luz que procedía del interior de la tumba. Era el perfil inequívoco del hombre que habíamos crucificado el viernes en la tarde. ¡Yo lo vi con mis propios ojos!

Visiblemente emocionado, el soldado bajó la vista y se sumió en profunda meditación. Como otros testigos de la resurrección de Jesús, tenía que decidir si aceptaría o no las implicaciones de lo que había presenciado.

El diálogo anterior es ficticio, pero los hechos a los que se refiere fueron corroborados "con muchas pruebas indubitables" (Hechos 1:1-3).

El santo sepulcro está vacío. El peregrino no encontrará en él los restos de un gran hombre; reliquias que se hayan convertido en objetos de la adoración humana. La tumba no pudo contener al Señor. Las manos heridas y cruzadas sobre el santo pecho se movieron. Los párpados descubrieron los ojos que habían llorado por causa de los hombres, y el Salvador recobró la vida.

Aunque el Antiguo Testamento mencionaba la posibilidad de la resurrección de los muertos (Job 14:13-15; Salmo 16:10; Isaías 26:19; Daniel 12:2), no fue sino hasta que Jesús resucitó que esta doctrina se convirtió en una realidad concreta. Y fue la certeza de su resurrección lo que impartió poder a la predicación apostólica (Filipenses 3:10-11). Los primeros cristianos creyeron que habían sido llamados para ser testigos del glorioso acontecimiento que comprobaba que Jesús era el Hijo de Dios, y el bautismo habría de señalar que eran salvos por la fe en los méritos de la muerte y resurrección del Señor (Hechos 1:22; Romanos 1:4).

Jesús resucitó y con él resucitó la humanidad. En él tomó cuerpo la esperanza de todos los que a través de los siglos anhelaron algo mejor. El destello de vida y luz que refulgió en la tumba nueva de José de Arimatea transformó para siempre la historia humana. Ya los dolores y penurias del hombre no serían coronados con el negro manto de una muerte inexplicable, sino que ésta se convirtió en un reposo benigno que será interrumpido por la trompeta de la resurrección.

El creyente "tiene vida eterna; y... ha pasado de muerte a vida" (S. Juan 5:24). Todo aquel que oye la voz del Salvador será lleno con el poder que vació el santo sepulcro.

El Señor que resucitó también puede transformar nuestra vida terrenal. El que descansó en la tumba de piedra desea reposar en nuestro corazón y hacernos resucitar con él a una nueva vida. Este es el mensaje de vida de nuestro Amigo Jesús.

---

(1) Angel Manuel Rodríguez, *El Centinela*, septiembre, 1990, p. 10. (2) Manuel Vásquez, *The Danger Within* (Pacific Press: Boise, Idaho, 1993), p. 21, ver todo el capítulo 2. Este libro aparecerá en español a comienzos de 1994. (3) Citado en "Nueva Era, todo cabe, todos caben", por George Steveny, *Revista Adventista* (de España), julio, 1992, p. 11. (4) Douglas Groothuis, "The New Age Jesus", *Moody Monthly*, abril, 1992, p. 19. (5) *Enciclopedia universal ilustrada*, t. 28, p. 2689.

NOTA ADICIONAL AL CAPITULO 6

¿Existirá el mal para siempre en el infierno?

También la enseñanza del infierno, por antigua que sea, implica la supervivencia eterna del mal y de los malvados —aunque sea en medio de fuego y azufre— y es errónea, pues se basa en un concepto equivocado de Dios.

La razón bíblica para la exterminación de los pecadores es que el pecado no puede coexistir con la pureza de Dios. Dios no desea que "ninguno perezca, sino que todos procedan al arrepentimiento" (2 S. Pedro 3:9), pero Dios "es fuego consumidor" para el pecado y la impiedad (Hebreos 12:29).

La Biblia enseña que los pecadores que se aferren al pecado serán consumidos para siempre. He aquí algunos pasajes que describen este proceso de destrucción:

"Perecen por el aliento de Dios, y por el soplo de su ira son consumidos"; "los rebeldes y pecadores a una serán quebrantados, y los que dejan a Jehová serán consumidos". "Mas los impíos perecerán... serán consumidos; se disiparán como el humo" (Job 4:9; Isaías 1:28; Salmo 37:20).

Hay, sin embargo, algunos pasajes que parecieran apoyar la idea de un infierno de tormento eterno para los perdidos. Uno de ellos es la parábola del rico y Lázaro (S. Lucas 16:19-31). Algunos olvidan que se trataba de un relato imaginario de los fariseos que Jesús contó para referirse a la importancia de aprovechar la oportunidad de hacer el bien en esta vida. Es claro que los detalles de la parábola contradicen varias enseñanzas cristianas. El Señor Jesús explicó claramente que la destrucción de los impíos ocurrirá en "el fin del mundo" (S. Mateo 13:36-40, Biblia de Jerusalén), cuando, como dice San Pedro, el fuego será tan intenso que los mismos "elementos, siendo quemados, se fundirán" (2 S. Pedro 3:10-12).

Cuando la Biblia se refiere a "fuego eterno" (Judas 7), o "eterna perdición" (2 Tesalonicenses 1:9), no habla de la duración de las llamas, sino de los efectos de las mismas. El ejemplo de Judas 7 menciona que Sodoma y Gomorra fueron quemadas con "fuego eterno". Es obvio que las ciudades de la llanura del tiempo de Abrahán ya no arden, pero también es cierto que nunca más han vuelto a levantarse.

Cuando la Biblia habla de "fuego que nunca se apagará" (S. Lucas 3:17), nos dice que el fuego que Dios usará para destruir a los impíos será imposible de apagar hasta que haya consumido por completo y para siempre a los perdidos y todas sus obras (ver Jeremías 52:12-13; 2 Crónicas 36:19).

Apocalipsis 20:9 enseña que los impíos sufren una destrucción definitiva en un momento específico cuando "de Dios descendió fuego del cielo, y los consumió". Los impíos serán quemados (Salmo 97:3), y no existirán más (Salmo 37:10). "Porque he aquí —dice el profeta Malaquías—, viene el día ardiente como un horno, y todos los soberbios y todos los que hacen maldad serán estopa; aquel día que vendrá los abrasará, ha dicho Jehová de los ejércitos, y no les dejará ni raíz ni rama" (Malaquías 4:1).

Dios asegura que en la Tierra Nueva "ya no habrá muerte, ni habrá más llanto, ni clamor, ni dolor" (Apocalipsis 21:4). La idea del tormento eterno inmortaliza los sufrimientos y el dolor, al igual que la existencia del pecado. La Biblia es clara al decir que "el alma que pecare, esa morirá" (Ezequiel 18:20; ver también 1 S. Juan 3:15; 5:12).

El mensaje de la obediencia

Capítulo 7

Los Dos Montes

Uno de los mensajes que Jesucristo nos dejó fue el mensaje de la obediencia. Pero la observancia de sus principios no es una afrenta a nuestra libertad, sino una respuesta de amor ante la salvación que él nos ofrece. "Si me amáis —dijo el Señor—, guardad mis mandamientos" (S. Juan 14:15).

El Sinaí

Los estudiosos han identificado dos montañas como el monte Sinaí, también conocido como el monte Horeb. La tradición cristiana localiza este monte en el interior de la península del Sinaí, pero hay dos lugares que compiten por el honor. Uno es la montaña *Jebel Serbal*, una formación rocosa de 2.070 metros de altura. Pero la Biblia indica que había un valle suficientemente grande como para permitir el asentamiento de dos millones de israelitas en ocasión del éxodo. Cerca de *Jebel Serbal* no hay ningún lugar llano de tal extensión.

Otra tradición señala el pico *Ras es-Safsaf*, de 1.993 metros de altura, como el Sinaí de la Biblia. Al frente del *Ras es-Safsaf* hay una amplia llanura desde la cual se ve la montaña claramente y en la cual pudo haber acampado todo el pueblo de Israel.

Si esta montaña es el verdadero monte Sinaí, entonces fue

el escenario de uno de los actos más impresionantes descritos en la Biblia. El libro de Exodo relata el incidente. Tres meses después de haber salido de Egipto, el pueblo llegó al desierto de Sinaí y acampó delante del monte. Moisés subió a la presencia de Dios y se le dijo que santificara al pueblo durante dos días y que al tercer día Jehová descendería sobre el monte Sinaí.

El recuento bíblico continúa diciendo: "Aconteció que al tercer día, cuando vino la mañana, vinieron truenos y relámpagos, y espesa nube sobre el monte, y sonido de bocina muy fuerte; y se estremeció todo el pueblo que estaba en el campamento. Y Moisés sacó del campamento al pueblo para recibir a Dios; y se detuvieron al pie del monte. Todo el monte Sinaí humeaba, porque Jehová había descendido sobre él en fuego; y el humo subía como el humo de un horno, y todo el monte se estremecía en gran manera" (Exodo 19:16-18).

Entonces Dios entregó su ley a Moisés, en forma hablada y luego escrita. Primero los Diez Mandamientos en la forma de dos tablas de piedra y luego otras leyes civiles o concernientes al sistema de adoración (ver Exodo, capítulos 20 al 34). El pueblo, ante la impresionante manifestación del poder divino, pidió a Moisés que hablase él con Dios. Esto ocurrió varias veces, una de las cuales mantuvo a Moisés en la cumbre del monte por cuarenta días y noches.

Como parte del evento, Moisés edificó un altar, sacrificó varios animales, y esparció la mitad de la sangre sobre el altar, y la otra mitad la roció sobre el pueblo, a la vez que dijo: "He aquí la sangre del pacto que Jehová ha hecho con vosotros sobre todas estas cosas" (Exodo 24:8). Finalmente, después de la rebelión del pueblo y la penosa adoración del becerro de oro, Moisés descendió del monte con dos nuevas tablas de piedra y el rostro resplandeciente (Exodo 34:29).

El pueblo israelita presente jamás olvidó la nube, el estruendo y el "fuego abrasador" que coronó la cumbre del monte.

El Gólgota

En el Evangelio según San Lucas se nombra al lugar de la crucifixión de Jesús como "de la Calavera" (capítulo 23:33). San Mateo menciona que la comitiva llegó a "un lugar llamado Gólgota, que significa: Lugar de la Calavera" (capítulo 27:33). Ha sido difícil determinar exactamente dónde estuvo situado: unos creen que se trata del lugar ahora ocupado por la Iglesia del Santo Sepulcro, y otros señalan una colina a unos 250 metros de la Puerta de Damasco como el posible lugar de la crucifixión. Esta última tiene a su favor la apariencia de cráneo o calavera y el hecho de contener una tumba romana en sus alrededores.

A ciencia cierta sabemos que hace cerca de 2.000 años, a las afueras de los muros de la antigua ciudad de Jerusalén, en un lugar llamado Gólgota (en griego) o Calvario (en latín), ocurrió la crucifixión de tres hombres, uno de los cuales aseveró ser el Salvador del mundo.

Lo que sucedió en estos dos lugares tiene una importancia capital para cada ser humano. En uno se presentó una descripción del carácter de Dios; en el otro se lo reveló. Uno dice que Dios es justicia eterna; el otro proclama que Dios es amor eterno.

Pero uno no puede existir sin el otro. No se puede cumplir la justicia divina sin amor, y no se puede amar si no se sabe cómo expresar el amor en términos concretos. Lo ocurrido en estos dos montes enseña dos amplios principios del plan de Dios para la salvación del ser humano.

La justicia de Dios

La justicia es uno de los grandes fundamentos del gobierno de Dios. "Justicia y juicio son el cimiento de su trono" (Salmo 97:2). E Isaías añade: "Ciertamente en Jehová está la justicia y la fuerza" (Isaías 45:24). El Salmo 11:7 también nos dice: "Porque Jehová es justo, y ama la justicia; el hombre recto mirará su rostro".

Dios no sólo es justo y ama la justicia, sino que insta a sus hijos a buscarla. "Mas buscad primeramente el reino de Dios y su justicia, y todas estas cosas os serán añadidas" (S. Mateo 6:33). El profeta Miqueas, hablando de los requisitos fundamentales de los creyentes, dijo: "Oh hombre, él te ha declarado lo que es bueno, y qué pide Jehová de ti: solamente hacer justicia, y amar misericordia, y humillarte ante tu Dios" (Miqueas 6:8).

La ley dada por Dios en el Sinaí es la revelación del mismo carácter de Dios y presenta sus requisitos de justicia. "La ley de Jehová es perfecta" y "el precepto de Jehová es puro" (Salmo 19:7-8). San Pablo añade, "la ley a la verdad es santa, y el mandamiento santo, justo y bueno" (Romanos 7:12). Estos mandamientos, que se encuentran en Exodo 20:3-17, se pueden resumir de la siguiente manera:

1. No tendrás dioses ajenos.
2. No te harás imágenes, no las honrarás, ni les rendirás culto.
3. No tomarás el nombre de Jehová tu Dios en vano.
4. Reposarás el santo día del sábado.
5. Honra a tu padre y a tu madre.
6. No matarás.
7. No cometerás adulterio.
8. No hurtarás.
9. No dirás falso testimonio contra tu prójimo.
10. No codiciarás.

Los primeros cuatro mandamientos expresan la manera en que hemos de relacionarnos con Dios, y los últimos seis, la forma de relacionarnos con el hombre. A estos dos grandes principios se refirió Jesús cuando dijo: "Amarás al Señor tu

Dios con todo tu corazón, y con toda tu alma, y con todas tus fuerzas, y con toda tu mente; y a tu prójimo como a ti mismo" (S. Lucas 10:27).

La ley está tan íntimamente ligada al carácter de Dios que demanda no sólo obediencia externa, sino una actitud perfecta de amor y pureza. Abarca no sólo nuestros actos, sino también nuestros pensamientos y deseos. (Ver S. Mateo 5:21-22, 27-28, y S. Marcos 7:21-23.)

Y es absolutamente necesario que cumplamos sus requisitos.

El sabio Salomón nos amonestó diciendo: "Teme a Dios, y guarda sus mandamientos; porque esto es el todo del hombre. Porque Dios traerá toda obra a juicio, juntamente con toda cosa encubierta, sea buena o sea mala" (Eclesiastés 12:13-14). Santiago señala la importancia de observar todos los mandamientos: "Cualquiera que guardare toda la ley, pero ofendiere en un punto, se hace culpable de todos" (Santiago 2:10). Jesús mismo advirtió: "Si quieres entrar en la vida, guarda los mandamientos" (S. Mateo 19:17).

La justicia del hombre

El abarcante concepto de justicia o rectitud bíblica tiene dos dimensiones: Lo concerniente a la justicia de Dios, y lo concerniente a la justicia del hombre.

Según la Biblia, la justicia de Dios es absoluta y completa; perfecta, tanto como el carácter mismo de Dios es perfecto. Por su parte el hombre no tiene justicia por sí mismo. El profeta Isaías lo expresó gráficamente: "Si bien todos nosotros somos como suciedad, y todas nuestras justicias como trapo de inmundicia; y caímos todos nosotros como la hoja, y nuestras maldades nos llevaron como viento" (Isaías 64:6).

La función de la ley

Por causa de su naturaleza perfecta, la ley sirve como la norma de toda conducta. De esa manera señala cualquier desviación de la norma. A esta desviación de la norma perfecta, la Biblia le da el nombre de pecado.

El apóstol Juan afirmó que el "pecado es infracción de la ley" (1 S. Juan 3:4). Romanos 3:20 nos dice que "por medio de la ley es el conocimiento del pecado". Al permitirnos una comparación con una norma perfecta, la ley funciona como un espejo. Santiago 1:25 nos explica que "el que mira atentamente en la perfecta ley, la de la libertad, y persevera en ella, no siendo oidor olvidadizo, sino hacedor de la obra, éste será bienaventurado en lo que hace".

Al señalar nuestro pecado, la ley actúa como un agente de nuestra conversión. "La ley de Jehová es perfecta —nos dice el salmista—, que convierte el alma" (Salmo 19:7). Por eso el apóstol Pablo nos indicó: "De manera que la ley ha sido nuestro ayo, para llevarnos a Cristo, a fin de que fuésemos justificados por la fe" (Gálatas 3:24).

La justificación por la fe

Si el hombre no tiene justicia propia, ¿cómo, pues, puede aspirar a la salvación? El camino de la salvación pasa por el Sinaí; allí el pecador aprende cuál es su situación espiritual. Pero no puede permanecer allí. El monte de los requisitos divinos no es el fin del camino.

La ley no puede salvarlo. Somos salvados y perdonados en base a los méritos de Cristo; a lo que logró por nosotros al morir clavado en una cruz en la cumbre del otro monte, el Calvario. Por eso dijo el apóstol Pablo: "Porque por gracia sois salvos por medio de la fe; y esto no de vosotros, pues es don de Dios; no por obras, para que nadie se gloríe" (Efesios 2:8-9).

Lo que Dios hizo en el Calvario expresa también su justicia. Debido a que el hombre se encontraba bajo la ira de Dios, y no tenía justicia propia para cumplir los requisitos de la ley, Jesucristo tomó el lugar del hombre y ofreció su vida perfecta como cumplimiento de la eterna justicia de

Dios. Esa era la única manera en que Dios podía ser a la vez justo y misericordioso.

Aquellos que pretenden que los Diez Mandamientos fueron abolidos no entienden correctamente lo que ocurrió en el Calvario. Jesús satisfizo los requisitos de la justicia divina, no para abolirlos, sino para exaltarlos. El mismo declaró inequívocamente: "No penséis que he venido para abrogar la ley o los profetas; no he venido para abrogar, sino para cumplir. Porque de cierto os digo que hasta que pasen el cielo y la tierra, ni una jota ni una tilde pasará de la ley, hasta que todo se haya cumplido" (S. Mateo 5:17-18; ver también el 19).

En el Calvario, Cristo murió por nuestros pecados. Isaías declaró que "él herido fue por nuestras rebeliones, molido por nuestros pecados; el castigo de nuestra paz fue sobre él, y por su llaga fuimos nosotros curados... Angustiado él, y afligido, no abrió su boca; como cordero fue llevado al matadero; y como oveja delante de sus trasquiladores, enmudeció, y no abrió su boca" (Isaías 53:5-7). Jesús llevó nuestros pecados porque nosotros no podíamos llevarlos.

Se cuenta que en una remota aldea de Escocia vivió un médico que dedicó su vida a servir desinteresadamente a los demás. Día y noche trataba a los enfermos, tuviesen dinero o no para pagarle. Todos lo conocían y amaban. Después de su muerte examinaron sus libros para ver cuánto le debían sus pacientes. Había muchas cuentas sin pagar. Muchas de estas mostraban —escrito en tinta roja— las palabras: "Cuenta cancelada, muy pobre para pagar".

Algunos herederos que no eran tan generosos insistieron en que estas cuentas se pagaran. Cuando fueron a juicio, uno de los abogados le preguntó a la esposa del médico: "¿Es ésta la letra de su esposo?" Ella admitió que así era.

El tribunal decidió que lo que el médico había perdonado, quedaba perdonado. El lo había declarado así con su propia letra.

Todos nosotros hemos pecado (ver Romanos 3:23). Somos muy pobres para pagar la cuenta. Pero en el Calvario, Jesús escribió "perdonado" en nuestra cuenta con la tinta preciosa de su sangre. Cuando comprendemos la magnitud del sacrificio que hizo posible nuestra salvación y aceptamos el perdón de Jesús, entonces, por la gracia de Dios, podremos crecer en la obediencia a sus mandamientos.

El mensaje del reposo

Capítulo 8

El Remedio Divino para el Estrés

"Venid a mí todos los que estáis trabajados y cargados, y yo os haré descansar. Llevad mi yugo sobre vosotros, y aprended de mí, que soy manso y humilde de corazón; y hallaréis descanso para vuestras almas" (S. Mateo 11:28-29).

En diciembre de 1984, Bernhard Goetz causó un impacto en la conciencia nacional norteamericana al dispararles a cuatro jóvenes que aparentemente intentaban asaltarlo mientras viajaba en un subterráneo de la ciudad de Nueva York. Un año más tarde la Corte Suprema del Estado de Nueva York depuso los cargos más serios en contra suya debido a la inconsistencia de los testimonios que lo acusaban. Pese al fallo judicial, Bernhard Goetz reveló rasgos de conducta muy indeseables. Su emotiva e incoherente confesión demostró que el tímido profesional era una especie de bomba de tiempo lista para explotar.

¿Qué fue lo que produjo la tensión emocional que impulsó a un ciudadano común de Nueva York a agredir mortalmente a sus semejantes? ¿Acaso se trataba de otra víctima del estrés moderno? ¿Será que otros, quizá nosotros mismos, tengamos las características de un explosivo próximo a detonar?

El nivel de estrés o tensión que sufrimos está relacionado

con nuestra percepción individual de los problemas, pero el medio ambiente de la mayoría de nosotros provee innumerables elementos que pueden producirlo; entre éstos se encuentran:

1. La incertidumbre de nuestra misma existencia. El aumento vertiginoso de la violencia, las pandillas, el problema de las drogas y el crimen, infunden pesimismo en gran número de personas. Los problemas económicos, incluyendo las fluctuaciones de las monedas y los elevados índices de deudas internacionales, añaden fuerza a nuestras preocupaciones en cuanto al futuro. Varios economistas prominentes de Norteamérica aconsejan suma cautela en las inversiones y un aumento en las reservas en efectivo.[1]

2. Los problemas familiares. Dolores Curran investigó las causas principales de tensión en el hogar, y ofrece las siguientes: problemas económicos, la conducta de los hijos y la comunicación con ellos, muy poco tiempo juntos y sentimientos de culpa por no alcanzar los blancos deseados.[2]

A menudo soñamos con llegar al hogar, procedentes del trabajo o de la escuela, para descansar en una atmósfera familiar agradable en compañía de nuestros seres amados, y encontramos que allí somos víctimas de aun mayor tensión.

3. Problemas personales. Muchos psicólogos creen que el factor determinante del estrés somos nosotros mismos.[3] Un veterano de guerra puede experimentar sudores fríos al escuchar sonidos que para nosotros resultan insignificantes, pero que a él le evocan terribles recuerdos del fragor de la batalla.

Otros eruditos achacan el estrés y el derrumbe de los valores a la marcada obsesión actual con la persona misma. Existe, según ellos, un culto al yo que inspira deshonestidad en la política y en el ejercicio de profesiones tales como la abogacía y la medicina.[4] Esta actitud ha producido un concepto más egoísta de las responsabilidades matrimoniales y socava la lealtad de los hijos hacia la familia.[5]

4. Actitudes competitivas. En países industrializados se cultiva una verdadera obsesión por el éxito en el mundo corporativo. Con el deseo de obtener las recompensas materiales y psicológicas del éxito en la carrera escogida, muchos desarrollan una mentalidad de competencia.

Se lucha por impresionar a jefes y a compañeros de trabajo. Se reprimen las emociones y se percibe a todo el mundo como un posible cliente o competidor. Esto hace que tengamos pocos amigos, aunque muchos conocidos. Que seamos desconfiados y estemos casi siempre a la defensiva.

Algunos llegan a creer que son indispensables en su trabajo. Que todo depende de ellos. Debido a esta identificación con su trabajo, sienten que cualquier alza o baja en la compañía se debe a ellos. Todas estas consideraciones pueden crear pesadas tensiones que disminuyen la calidad de vida y atentan contra la felicidad.

El rabino Harold Kushner, autor de varios libros, cuenta cómo su padre fue un hombre de gran éxito en los negocios. Pero cuando murió, nadie recordaba sus grandes habilidades para invertir en la bolsa de valores. Lo que sí recordaron fueron los favores que le hacía a tantas personas.[6] Esto prueba que el carácter es más importante que el éxito o el dinero.

Para vencer el estrés necesitamos fijar un orden lógico de prioridades. Asignar a cada asunto la importancia que le corresponde y entonces ordenar nuestra vida de acuerdo a esas prioridades. Entre los renglones se encontrarían, por supuesto, la familia, el trabajo, la recreación, el descanso, el desarrollo personal y la comunión con Dios.

Hay muchos expertos que recomiendan diferentes maneras de enfrentar el estrés. Los ejercicios aeróbicos aumentan el bienestar físico y mejoran la estima propia.[7] Los cambios de dieta y el consumo de vitaminas suplementarias, especialmente varias del complejo B y la C, también producen un efecto benéfico en el organismo bajo tensión.[8]

¿Qué diremos en cuanto a la manera en que utilizamos el tiempo, ese insustancial tejido del que se forma la vida?

El gozo de "perder" tiempo

El Dr. William Mikulas, profesor de psicología de la Universidad del Oeste de la Florida asegura que pasamos mucho tiempo preparándonos para vivir y muy poco tiempo viviendo. La mayoría de las personas declara que le gustaría pasar tiempo con sus hijos, hacer obras espirituales, dedicarse a proyectos creativos. Pero en la vida real muy pocos lo hacen.

Vivimos en una cultura que está obsesionada con fijar y cumplir objetivos. Nos preparamos para ir al trabajo, trabajamos, nos preparamos para irnos a la casa, nos vamos a la casa, nos preparamos para acostarnos y nos acostamos.

Incluso las actividades que planificamos como recreación se convierten en parte de nuestros deberes. Nos esforzamos por sacar tiempo para jugar y luego no disfrutamos del juego. Cuando decidimos emprender un viaje, sólo pensamos en el objetivo —el lugar al cual vamos— y no disfrutamos del viaje en sí. Hacemos ejercicios con la intención de bajar de peso o tener una mejor salud, pero no disfrutamos de las actividades que producen estos resultados.

El profesor Mikulas piensa que es muy importante que cada persona tome un receso en el proceso de vivir. Que deje de hacer lo que está haciendo y no haga nada. Que descanse su cuerpo y mente. Añade que este descanso de los procesos psicológicos no se logra a través de una vacación. Una vacación es sólo un evento con más actividades. "Necesitamos salirnos de nuestra vida [cotidiana], practicar la tradición judeo-cristiana de tomar un día libre para reflexionar".[9]

La verdad es que nuestro Creador sabía que necesitábamos un día a la semana para salirnos totalmente de nuestra rutina y dedicarnos a cultivar los valores espirituales que son los únicos que pueden hacernos personas nobles y satisfechas. Esta interrupción del ciclo semanal habría de ser un ingrediente de la vida humana desde la misma creación.

Un trozo especial de tiempo

El mensaje divino de un reposo para el hombre data del mismo origen. En el relato de la creación Dios hace surgir los cielos y la tierra de la nada, y luego adorna este planeta desordenado y vacío creando luz, mares, vegetación, y los astros para "separar el día de la noche" (Génesis 1:14).

Durante ese proceso, el Señor crea el tiempo. Todos conocemos los efectos de este intangible señor: el crecimiento en los niños y las plantas, y las canas y las arrugas que nos acechan a todos. Pero es la astronomía la que provee los movimientos naturales y periódicos que nos ayudan a definir los ciclos del tiempo: el movimiento del sistema solar alrededor del Sol determina la unidad de tiempo conocida como año; la órbita de la Luna alrededor de la Tierra nos explica la medida de los meses, y la rotación de la Tierra sobre su propio eje, en conjunción con el aparente movimiento diurno del Sol, nos proporciona los días.

Hay un ciclo de tiempo —sin embargo— que no proviene directamente de los fenómenos astronómicos. Me refiero a la serie de siete días consecutivos que conocemos como semana. Esta agrupación septenaria de los días es sumamente antigua y había sido adoptada por los egipcios, los babilonios y los judíos. Aunque los griegos y los romanos oficialmente dividieron los meses en tres períodos, la división por semanas se impuso en gran medida por la influencia de la Biblia.[10]

Según la Biblia, la semana surge desde la creación y cada día cobra significado de acuerdo con los sucesos creadores que lo marcaron. Cada etapa de la creación es puntualizada con las palabras: "Y fue la tarde y la mañana un día... Y fue la tarde y la mañana el día segundo... Y fue la tarde y la mañana el día tercero". En el primer día, Dios separó la luz de las tinieblas, creando así el día y la noche. En el segundo creó el cielo, y en el cuarto, "hizo Dios las dos grandes lumbreras; la lumbrera mayor para que señorease en el día, y la lumbrera menor para que señorease en la noche"... Esto lo hizo para que sirvieran por "señales para las estaciones, para días y años" (Génesis 1:5, 8, 13, 16, 14).

Así Dios, en un toque magistral de su extraordinario poder creador, a la vez que colmó a la Tierra de innumerables detalles y funciones sostenedoras de la vida, estableció también los parámetros de ese misterioso don que es el tiempo. Su pincel maestro dibujó no sólo florestas, pájaros y el firmamento en el lienzo de lo físico y lo visible; también delineó las unidades básicas que darían el orden de sucesión a la existencia humana.

Fue en el contexto de ese proceso creador de la materia y el tiempo que Dios instituyó un día de reposo semanal. La Biblia lo describe así: "Fueron, pues, acabados los cielos y la tierra, y todo el ejército de ellos. Y acabó Dios en el día séptimo la obra que hizo; y reposó el día séptimo de toda la obra que hizo. Y bendijo Dios al día séptimo, y lo santificó, porque en él reposó de toda la obra que había hecho en la creación" (Genesis 2:1-3).

Así fue que Dios *reposó*, *bendijo* y *santificó* el sábado. Reposó en él no porque estuviera cansado (ver Isaías 40:28), sino porque en el día sábado *cesó* de sus actividades anteriores. Ese precisamente es el significado de la palabra hebrea para sábado, "*shabath*". Dios *reposó* en el sábado para dejarnos un ejemplo a la raza humana, el mensaje de que necesitábamos reposar en Dios, cesar nuestras actividades seculares para disfrutar de la obra de Dios a nuestro favor.

Dios *bendijo* el sábado para señalar que era un día especial de felicidad para sus criaturas. Que su observancia sería altamente beneficiosa para los hijos de Dios.

Dios *santificó* el sábado para que su uso fuese santo. Santificar significa apartar algo para uso santo. Aunque Dios puede santificar santuarios e individuos, en la creación él escogió santificar una porción de tiempo. De esta manera el sábado está disponible para todos, en todo lugar o circunstancia.

El sábado aparece nuevamente en el relato bíblico en ocasión del éxodo. Un mes antes de que Dios les diera la ley de los Diez Mandamientos, le dijo a su pueblo:

"Si oyeres atentamente la voz de Jehová tu Dios, e hicieres lo recto delante de sus ojos, y dieres oído a sus mandamientos, y guardares todos sus estatutos, ninguna enfermedad de las que envié a los egipcios te enviaré a ti; porque yo soy Jehová tu sanador" (Exodo 15:26).

Poco después de haber hecho esta referencia a sus mandamientos, Dios les recordó a los israelitas la santidad del sábado cuando les ordenó abstenerse de recoger maná durante el sábado. Habrían de recoger doble porción los viernes, y al contrario de lo que sucedía otros días, la porción que recogían el viernes se mantenía fresca para el sábado. "Seis días lo recogeréis —dice el pasaje—; mas el séptimo día es día de reposo; en él no se hallará" (Exodo 16:26; ver versículos 16 al 30). Durante los 40 años que estuvieron en el desierto, el milagro del maná les recordó que el séptimo día de cada semana era el día de reposo divino.

Dios también colocó el mandamiento del sábado en la ley. Como apelando a su antigüedad e importancia, el cuarto es el único mandamiento que comienza con la palabra "recuerda" o "acuérdate".

He aquí lo que dice: "Recuerda el día del sábado para santificarlo. Seis días trabajarás y harás todos tus trabajos, pero el séptimo día es día de descanso para Yahveh, tu Dios. No harás ningún trabajo, ni tú, ni tu hijo, ni tu hija, ni tu siervo, ni tu sierva, ni tu ganado, ni el forastero que habita en tu ciudad. Pues en seis días hizo Yahveh el cielo y la tierra, el mar y todo cuanto contienen, y el séptimo descansó; por eso bendijo Yahveh el día del sábado y lo hizo sagrado" (Exodo 20:8-11, Versión católica Biblia de Jerusalén).

El nuevo catecismo católico declara lo siguiente: "La acción de Dios es el modelo de la acción humana. Si Dios 'tomó respiro' el día séptimo (Exodo 31:17), también el hombre debe 'descansar' y hacer que los demás, sobre todo los pobres, 'recobren aliento' (Exodo 23:12). El sábado interrumpe los trabajos cotidianos y concede un respiro. Es un día de protesta contra las servidumbres del trabajo y el culto al dinero (Nehemías 13:15-22; 2 Crónicas 36:21)".

Más adelante, al resumir el capítulo dedicado al mandamiento del sábado, el catecismo añade: "El sábado, que representaba la coronación de la primera creación, es sustituido por el domingo que recuerda la nueva creación, inaugurada por la resurrección de Cristo. La Iglesia celebra el día de la Resurrección de Cristo el octavo día [?], que es llamado con toda razón día del Señor o domingo".[11]

Es notable que el nuevo catecismo no da razones, ni mucho menos textos bíblicos, que den base para el cambio de la solemnidad del sábado al domingo. Sólo declara que el domingo "reemplaza" la "prescripción litúrgica" del sábado para los cristianos y que los que faltan a la "obligación [de participar de la Eucaristía del domingo] cometen un pecado grave".[12]

Según la Biblia, es claro que el sábado ocupa un lugar central en nuestra adoración al Dios verdadero. Revela la razón por la cual Dios debe ser adorado: El es el Creador y nosotros somos sus criaturas. Así nos guarda de dioses falsos y de la idolatría y se convierte en una señal de nuestro pacto con el Dios verdadero, porque la característica que distingue a Dios de otros dioses falsos es su facultad creadora (ver Jeremías 10:10-12; Hechos 17:23-24; Hechos 14:15). El Señor mismo declaró que el sábado sería una "señal entre mí y vosotros, para que sepáis que yo soy Jehová vuestro Dios" (Ezequiel 20:20, 12; Exodo 31:17).

Muchos consideran que el sábado es algo así como el sello de la ley de Dios. En forma general, un sello contiene tres elementos: el nombre del dueño del sello, su título y su jurisdicción. Unicamente el mandamiento del sábado incluye estos tres elementos. El nombre del legislador, "Jehová tu Dios";

el título, Creador; y lo que compone su territorio, "los cielos y la tierra" (Exodo 20:10-11).

Cristo y el sábado

La relación de Cristo con la institución del sábado fue sumamente dinámica. La mayoría de las referencias al sábado en el Nuevo Testamento ocurren en relación con los milagros de sanidad de Jesús. Según el registro de los Evangelios, Jesús hizo cinco veces milagros de sanidad en el sábado, sin contar la expulsión de demonios en sábado (S. Marcos 1:21-28), ni la curación de la suegra de Pedro (S. Marcos 1:29-31), que posiblemente ocurrió en sábado.

Estos milagros fueron: la curación del hombre de la mano seca (S. Mateo 12:9-14); el enderezamiento de una mujer encorvada (S. Lucas 13:10-17); la curación del hombre hidrópico (S. Lucas 14:1-6); el sanamiento del paralítico de Betesda (S. Juan 5); y la devolución de la vista a un hombre ciego de nacimiento (S. Juan 9).

John Brunt señala que los milagros sabáticos de Jesús no fueron fruto de la coincidencia; que más bien muestran que él deseaba desafiar la manera en que los judíos habían transformado la observancia del sábado en un día de reglas y ritos. Los israelitas, en vez de recordar al Creador durante el sábado, se dedicaban a recordar todas las reglas que gobernaban su observancia.[13]

Las reglas también contribuían a que se descuidaran las verdaderas responsabilidades impuestas por el amor hacia otros seres humanos. Los religiosos de aquel tiempo valoraban más las reglas que a otras personas. Pero el sábado habría de tener un significado muy diferente. Debía recordar a cada ser humano su excelso origen, debía quebrantar las barreras sociales igualando a amos y esclavos, ricos y pobres, ante la presencia del Dios soberano.

Para Jesús las personas eran más importantes que la observancia legalista del sábado. Por eso declaró: "El sábado por causa del hombre es hecho" (S. Marcos 2:27, Antigua Reina-Valera). Al decir esto, Jesús no redujo la importancia del sábado, sino que la aumentó. En esencia estaba diciendo que el sábado había sido instituido para la felicidad y bienestar del hombre.

Durante su ministerio terrenal Jesús nos dio un ejemplo de fidelidad al guardar el sábado. San Lucas nos dice que era "conforme a su costumbre" adorar en las sinagogas en sábado (capítulo 4:16).

Algunos que afirman que la observancia del sábado fue abolida, hecho que no se registra en ningún lugar de la Biblia, parecen ignorar que cuando Jesús habló de la persecución que ocurriría en ocasión de la caída de Jerusalén —décadas después de sus ascensión— aconsejó a sus discípulos diciéndoles: "Orad, pues, que vuestra huida no sea en invierno ni en sábado" (S. Mateo 24:20, Antigua Reina-Valera).

Cuando Cristo concluyó su obra de la creación reposó en el séptimo día (para leer sobre Cristo como el Creador ver S. Juan 1:1-3; Colosenses 1:15-17). Este reposo significaba la conclusión del proceso creador. Luego, al terminar su obra redentora, el viernes de tarde, en la cruz, Jesús declaró: "Consumado es" (S. Juan 19:30). La Biblia señala claramente que era "día de la preparación, y estaba para comenzar el día de reposo" (S. Lucas 23:54). Así que, del modo como reposó al consumar su obra creadora, Jesús reposó durante el sábado en la tumba de José de Arimatea, para señalar que había completado la redención del hombre.

Más adelante, se nos da otra prueba contundente de la vigencia del reposo sabático cuando se nos dice que "las mujeres que habían venido con él desde Galilea, siguieron también, y vieron el sepulcro, y cómo fue puesto su cuerpo. Y vueltas, prepararon especias aromáticas y ungüentos; y descansaron el día de reposo, conforme al mandamiento" (S. Lucas 23:55-56).

También el relato bíblico indica que los discípulos observaron el sábado. Pablo asistía a las sinagogas en el sábado, y predicaba a Cristo (Hechos 13:14; 17:1-2; 18:4). Y no sólo predicaban en sábado para beneficio de los judíos. Incluso los gentiles los invitaban a que les predicaran en sábado (Hechos 13:42-44).

Es obvio que cuando Pablo más tarde se refirió a varias leyes ceremoniales (incluyendo en su lista la palabra en plural "sábados") como sombra de lo por venir (Colosenses 2:16-17), no se refería al sábado semanal, sino a los sábados ceremoniales que eran parte de los festivales anuales del pueblo judío (ver Levítico 23:5-8, 15-16, 21, 24-25, 27-28, 37-38).

El comentador presbiteriano Albert Barnes observó sobre este pasaje de Colosenses que "en este pasaje no hay evidencia alguna de que él [Pablo] enseñe que no había obligación de observar *ningún* día como sagrado, pues no hay ni la más mínima razón para creer que quería enseñar que uno de los Diez Mandamientos había cesado de ser obligatorio para la humanidad... El uso de la palabra en número plural y su conexión, demuestran que Pablo estaba pensando en los numerosos días que eran observados por los hebreos como fiestas, como una parte de su ley típica y ceremonial, y no en la ley *moral* o Diez Mandamientos. De ninguna parte de la ley moral, de ninguno de los Diez Mandamientos podría decirse que 'es sombra de lo porvenir'. Estos mandamientos son, por la naturaleza de la ley moral, de perpetua y universal obligación".[14]

La argumentación de Pablo con respecto a la ley señala que Dios abolió la ley como *medio de salvación*, pero que la estableció como una *norma de la conducta cristiana* (ver Romanos 3:31).[15] Más tarde el libro de Hebreos destaca la dimensión espiritual de la observancia sabática cuando describe al sábado como señal de la liberación del pecado y la entrada al reposo de Dios. Todo el que entra en el reposo de Dios "también ha reposado de sus obras, como Dios de las suyas" (Hebreos 4:10).

Hebreos también nos dice que "hoy" es el día oportuno para entrar en ese reposo espiritual, basados en la confianza en la obra redentora de Jesús. Hoy se nos invita a aceptar el precioso mensaje de reposo en Jesús. Hoy podemos declarar nuestra lealtad al Creador del universo y celebrar su obra de redención reposando el sábado.

Es durante el sábado que podemos disfrutar de la presencia de Dios en nuestra vida. Sin el sábado, la vida sería trabajo y lucha incesantes. Cada día sería igual que el otro. Pero cuando llega el sábado, tenemos 24 horas de oportunidad para relacionarnos íntimamente con nuestro Amigo Jesús, disfrutar de la comunión con otros seres humanos y del gozo anticipado de la salvación definitiva del creyente. Por medio del estudio de la Biblia, la oración, la meditación y el servicio a los demás, comulgamos con nuestro Creador y nos elevamos a un nivel superior de existencia.

Si usted siente que el mensaje del reposo es para usted, le sugiero que continúe estudiando este tema en la Biblia. Cuando decida aceptarlo, recuerde que las actividades religiosas del sábado no deben mezclarse con actividades de tipo secular, tales como los deportes, las compras u otras cosas que lo aparten de la comunión con Dios (ver Nehemías 13:15-22). Las horas del día de reposo van desde la puesta de sol del viernes a la puesta de sol del sábado (ver Levítico 23:32; S. Marcos 1:32). Dejando a un lado todo trabajo innecesario, dedique esas 24 horas a convivir con Dios, a recibir en su vida el don del reposo y de la paz que sólo él puede darle.

En el próximo capítulo nos dedicaremos a enumerar algunos de los beneficios inherentes a la observancia del día divino de reposo semanal y hablaremos más sobre cómo observarlo. Usted también puede beneficiarse del mensaje del reposo de nuestro Amigo Jesús.

---

(1) Leonard Wiener, "A Lifeboat, Just in Case", *U.S. News*, 31 de agosto, 1987, p. 61. (2) Eugene F. Durand, "Getting off the Stress

Express", *Adventist Review*, 6 de noviembre, 1986, p. 5. (3) Petra Sukau, "Taking Stress in Stride", *Ministry*, marzo, 1986, p. 22. (4) Ezra Bowen, "Ethics. Looking to its Roots", *Time*, 25 de mayo, 1987, p. 26. (5) *Ibíd.* (6) Harold S. Kushner, "The Hazards of Success: Keeping a Healthy Perspective from the Top", *Hemispheres*, octubre, 1992, pp. 45-46. (7) Kenneth H. Cooper, *The Aerobics Program for Total Well-being* (New York: Bantam Books, 1982), p. 186. (8) *Id.*, p. 100. (9) Mike Suchcicki, *Gannet News Service*, otoño, 1992. (10) *Nueva Enciclopedia Larousse*, t. 10 (Madrid: Editorial Planeta, 1982), p. 9033. (11) Ver páginas 478 al 484 del *Catecismo de la Iglesia Católica* (Santo Domingo: Librería Juan Pablo II, 1992). (12) *Id.*, pp. 480, 482. (13) John C. Brunt, *A Day for Healing* (Washington, D.C.: Review and Herald, 1981), ver páginas 45 al 54. (14) *Comentario bíblico adventista*, t. 7, p. 212. (15) Samuele Bacchiocchi, *The Sabbath in the New Testament* (Berrien Springs, Michigan: Biblical Perspectives, 1985), p. 180.

El mensaje del reposo—2

Capítulo 9

¿Qué me Ofrece el Sábado a Mí?

"Si te guardas de profanar el sábado, de tratar tus asuntos en mi día santo; si llamas al sábado delicia, venerable al día consagrado a Yavé; si le veneras evitando los viajes, no tratando negocios ni arreglando asuntos, entonces encontrarás en Yavé tus delicias, yo te subiré triunfante a las alturas del país y te alimentaré de la heredad de tu padre Jacob. Ha hablado la boca de Yavé" (Isaías 58:13-14, Ediciones Paulinas).

El reposo sabático es especialmente necesario en nuestros días. Usted y yo necesitamos esa pausa semanal. Su origen sagrado nos pone en contacto con los valores espirituales que tanto escasean, y su efecto renovador podría aliviar el desasosiego emocional que sufren tantas personas. He aquí algunas razones que nos persuaden a observar el día de reposo:

1. El reposo del sábado nos permite encarar nuestros problemas desde otra perspectiva.—¿Ha viajado en avión? Habrá notado que a medida que se eleva se van haciendo más y más pequeños los automóviles, los edificios, las casas, etc. Cuanto más alto se vuela espiritualmente tanto más imperceptibles se hacen los símbolos de la grandeza humana.

La observancia del sábado nos proporciona una fracción

de tiempo durante la cual nos "elevamos" ante las presiones que podrían agobiarnos durante la semana.

A menudo nos preocupamos tanto por asuntos triviales, que nos olvidamos de lo más importante: nuestra relación con Dios. El sábado es un recordativo constante de lo que somos. Nos señala nuestra procedencia e indica quién es nuestro Creador.[1]

Dios sabía que también necesitamos tiempo específico para compartirlo con nuestros seres amados, sin ser interrumpidos por los ajetreos cotidianos. Para aquellos familiares que durante la semana se convierten en extraños bajo el mismo techo debido a sus múltiples ocupaciones, el sábado ofrece la oportunidad de renovar lazos de amor y comunicación.

2. El reposo sabático nos brinda descanso espiritual.—Cuando comienza el sábado ponemos a un lado nuestros asuntos inconclusos para celebrar la obra completa de Cristo.[2] Como ya vimos anteriormente, Dios instituyó el día de reposo al terminar la creación, y reposó también en la tumba durante el sábado que concluyó la semana de la pasión (Génesis 2:1-3; S. Lucas 23:56-24:1). Por eso el sábado conmemora sus dos actos principales a favor nuestro: la creación y la redención.

En el ámbito espiritual todos nuestros esfuerzos para salvarnos son inútiles. Podemos buscar cada día en el equipaje de nuestra vida y no encontraremos nada que nos haga merecedores de la salvación. El sábado bíblico previene nuestro desánimo pues nos recuerda que Cristo ganó concluyentemente nuestra salvación en el Calvario. Debido a su sacrificio podemos entrar en su reposo (Hebreos 4:1-11).

Algunos opinan que la observancia del sábado expresa el deseo de obtener la salvación por medio de las obras. ¡Todo lo contrario! La misma palabra *sábado* deriva de un vocablo hebreo que significa cesar, desistir, descansar; todo lo opuesto a las obras.[3]

3. La observancia del sábado provee la oportunidad para una mejor relación con Dios.—El Señor Jesús declaró que la vida eterna está directa y entrañablemente relacionada con el conocimiento que tenemos de Dios y de su Hijo (S. Juan 17:3). Conocer a Dios y llegar a comprender su amante voluntad debiera ser el primer afán de todo creyente. Pero, ¿cómo conocer mejor a Dios si no nos relacionamos con él? ¿Y cómo relacionarnos con él sin dedicarle parte de nuestro tiempo?

Desarrollar una amistad —cualquier tipo de amistad— requiere que se compartan experiencias en común; que se hable y que se escuche; que se separen momentos para trabajar juntos en algún proyecto: exige tiempo. Desde esta perspectiva el día de reposo constituye una cita con nuestro Amigo Jesús, un día especial para relacionarnos con él.

Los momentos furtivos de devoción que nuestra complicada vida actual nos permite, no son suficientes. Necesitamos el reposo del sábado. Nuestros cuerpos y nuestras almas lo necesitan. ¡Cuán diferente sería entonces nuestro mundo! ¡Cuán marcado sería el mejoramiento en las actitudes sociales y en las relaciones familiares si todos le dedicasen a Dios el tiempo que él se merece!

Una cita con Dios

Cuando Dios hizo el tiempo y separó una porción periódica para que el hombre disfrutase de comunión con él, efectivamente fabricó un templo en el terreno del tiempo. Estableció el extraordinario reloj de la semana cuyo séptimo tic nos llama a la adoración divina. El sábado se convirtió en una pausa dentro de la existencia materialista que se mide con logros humanos y perecederos. Y puesto que nos pone en contacto con un Dios eterno, se torna en un trozo de eternidad; en una experiencia espiritual de calidad eterna.

Como cita con Dios en el tiempo, el sábado posee maravillosas cualidades. Está disponible a todos: sin importar el lugar ni la situación. Está al alcance de ricos y pobres, de sanos y enfermos, de hombres y mujeres, de niños, jóvenes o ancianos. También es una ocasión que se repite cada semana, siempre "nueva y accesible".[4]

Cuando llega cada sábado (según la Biblia, a la puesta de sol del viernes), cada uno de nosotros tiene la magnífica oportunidad de ponerse a tono con Dios, nuestro Creador y Redentor. Este es un día especial para entrar en un plano superior de la existencia, para contestar los interrogantes que definen nuestra identidad: ¿Quién soy? ¿De dónde vengo? y ¿Adónde voy? También es un día para el servicio a los demás, siguiendo el ejemplo del ministerio sabático de Jesús.

Como parte de la gran familia humana todos compartimos un trozo de tiempo común. Esto es lo más importante que tenemos: mucho más que nuestras posesiones o nuestra situación social o económica. Con este material tejemos el manto de nuestra vida; la forma en que empleamos nuestra porción determina en esencia lo que somos. Dios desea introducir en nuestro manto las hebras doradas de cada sábado en comunión con él. ¿Estaremos dispuestos a escuchar el tic tac del reloj divino? ¿Aprovecharemos el ofrecimiento de nuestro amante Dios?

No nos conformemos con tan poco cuando hay tanto

Hace apenas algunas semanas que nuestra familia, incluyendo a mis padres, fuimos en automóvil hasta el Parque Nacional Yellowstone. Aunque el cielo permaneció nublado, pudimos disfrutar de las rarezas geológicas de este extraordinario lugar, incluyendo sus famosos géiseres y sus múltiples cascadas. Sin embargo, lo que más interesaba a mis hijos eran los numerosos animales que pueblan el Yellowstone: venados, alces, bisontes y osos.

No quedamos decepcionados. Vimos varios venados, multitud de bisontes y hasta tuvimos la rara oportunidad de ver un hermoso zorro plateado que cruzó delante de nuestro vehículo con toda su calma. Recuerdo en particular un incidente.

Habíamos dejado atrás una considerable manada de bisontes que pastaban a escasos pies de la carretera. Habíamos tomado fotos a corta distancia de un impresionante macho y de varios terneritos preciosos, un verdadero banquete visual de animales salvajes dentro de un valle regado por varios manantiales y rodeado de hermosas montañas. Pero al rebasar el primer recodo en el camino pudimos ver un par de vehículos que venían en la dirección contraria y se habían detenido, cuyos ocupantes estaban concentrados en tratar de percibir con sus binoculares a un solitario bisonte que se encontraba a varios cientos de metros. ¡Todo ese esfuerzo cuando a menos de un kilómetro se encontraba una verdadera "convención" de animales a pocos pies de la calle!

¿Será posible que algunos estén pasando por una experiencia similar en cuanto a la vida espiritual y el sábado? ¿Será posible que algunos se estén conformando con unas pocas bendiciones de Dios, cuando él desea dárnoslo todo?

Es cierto que apenas unos minutos al día de meditación puede resultarnos útil, y que unos instantes a la semana de comunión con Dios puede ser beneficioso. Pero, ¿por qué no gozar de la bendición que él nos proporciona cada semana, a la vuelta de cada viernes? Hay un verdadero banquete espiritual para aquel que acepta el mensaje del reposo.

La felicidad futura de los hijos de Dios incluirá el sábado como uno de los dones preciosos que disfrutaremos por la eternidad. Dice Isaías: "Porque como los cielos nuevos y la nueva tierra, que yo hago, permanecen delante de mí, dice Jehová, así permanecerá vuestra simiente y vuestro nombre. Y será que de mes en mes, y de sábado en sábado, vendrá toda carne a adorar delante de mí, dijo Jehová" (Isaías 66:22-23, Antigua Reina-Valera). ¿Por qué no comenzar ya a disfrutarlo?

---

(1) George Vandeman, *When God Made Rest* (Boise, Idaho: Pacific Press, 1987), p. 18. (2) *Id.*, pp. 20-21. (3) Vandeman, *Ibíd.* (4) Samuele Bacchiocchi, *Reposo divino para la inquietud humana* (Publicado

originalmente en inglés por la Universidad Pontificia Gregoriana, Roma, junio de 1980), p. 111.

NOTA ADICIONAL AL CAPITULO 9

¿Cómo puedo guardar el sábado?

¿Cómo es que una persona puede observar el sábado actualmente? ¿Acaso la ajetreada vida moderna nos permite el lujo de tomar un receso semanal de un día? ¿Un "día de vacación con Dios", como decía San Agustín?

La mayoría de nosotros desearía que el día tuviera más horas para lograr hacer todo aquello que quisiéramos. Un hogar con niños en el que ambos padres trabajan, constantemente demanda una buena provisión de energía. Las amas de casa también enfrentan una multitud desafiante de tareas. Además, el sábado es el día en que muchos se dedican a hacer los trabajos atrasados de toda la semana, para poder tener el domingo libre para actividades recreativas.

Para observar el sábado, es menester prepararse para ello durante la semana. Se requiere un esfuerzo especial de planificación para hacer las compras el miércoles o el jueves de noche. Se puede lavar el vehículo en la tarde de otro día. Se puede limpiar la casa durante la semana, y el viernes de tarde se han de preparar los alimentos para el almuerzo del sábado. Este almuerzo debe ser algo especial, pues el sábado debe ser un día de celebración y alegría en el que la persona que cocina también descansa de sus tareas.

Puesto que el sábado es un día de comunión con Dios, debemos evitar cualquier influencia que pueda perjudicar su atmósfera sagrada. Durante sus horas evitemos hablar de nuestros intereses o negocios. También dejemos a un lado los libros y revistas seculares para dedicarnos a cultivar nuestra relación con Dios. La música del sábado por igual ha de tener una influencia elevadora que nos lleve a una más íntima relación con Dios.

Asista a una iglesia en sábado. La Palabra de Dios dice: "Seis días se trabajará, mas el séptimo día será de reposo, santa convocación" (Levítico 23:3). Una convocación es una asamblea del pueblo. Es la voluntad de Dios que sus hijos se reúnan para la edificación mutua y para unirse en adoración (ver Hebreos 10:25).

Capítulo 10

¿Qué Está Haciendo Jesús Ahora?

"Señor, Señor: los mares de la idea
tienen también sus rudas tempestades.
Mi espíritu en la sombra titubea
como Pedro en el mar de Tiberiades.

Hierven las aguas en que yo navego.
Mi pobre esquife a perecer avanza...
Tú que la luz le devolviste al ciego
devuélvela a mi fe y a mi esperanza".

Manuel Gutiérrez

En 1991 y 1992, los televidentes de los Estados Unidos vieron con asombro cómo primero uno y luego otro juez fueron sometidos a la interrogación de parte de un panel de legisladores del Senado, en el proceso de confirmación para llegar a ser jueces de la Corte Suprema. Uno, Stephen Bork, fue rechazado; el otro, Clarence Thomas, apenas sobrevivió a acusaciones de hostigamiento sexual.

Durante las sesiones de preguntas que fueron televisadas los senadores exploraron cada área de la experiencia legal de los candidatos, tratando de determinar cuál era su postura en los diferentes asuntos de importancia para el país. Querían estar seguros de que estos jueces serían capaces de emitir opiniones legales sabias y equilibradas, y que su vida misma mostraba adherencia a los principios que abogaban.

En los últimos años, países como México y Colombia se han replanteado los principios jurídicos de sus gobiernos y han formulado nuevas leyes que proveen una mayor libertad religiosa. En el caso de Colombia, esto significó toda una nueva constitución. En la mayoría de los países modernos, las leyes existentes se revisan y se promulgan nuevas leyes para salvaguardar la estabilidad de sus gobiernos. Se dice que las leyes y los legisladores de un país son el mejor reflejo de la vida en ese lugar.

Es importante que tanto las leyes como los legisladores y jueces puedan expresar en sus actos un apoyo total a la justicia. ¡Cuánto sufren los ciudadanos de naciones que han despreciado sus propias leyes y que padecen la desdicha de tener jueces y gobernantes corruptos!

Cuando nos hacemos estas preguntas en cuanto al gobierno supremo de Dios, la respuesta de la Biblia nos llena de esperanza. ¿Cómo es Dios como juez? Si es importante la integridad de un juez terrenal, ¿cuánto más lo será la idoneidad del Juez de todo el universo?

La vida y las palabras de Jesús nos dicen que Dios es como él. "El que me ha visto a mí ha visto al Padre", dijo Jesús a sus discípulos (S. Juan 14:9). Poco antes de su muerte les prometió: "No se turbe vuestro corazón; creéis en Dios, creed también en mí. En la casa de mi Padre muchas moradas hay; si así no fuera, yo os lo hubiera dicho; voy, pues, a preparar lugar para vosotros. Y si me fuere y os preparare lugar, vendré otra vez, y os tomaré a mí mismo, para que donde yo estoy, vosotros también estéis" (S. Juan 14:1-3).

Según el libro de los Hechos, cuarenta días después de su resurrección, Jesús se despidió de sus discípulos en la cumbre de un monte a las afueras de Jerusalén. Luego, "viéndolo ellos, fue alzado, y le recibió una nube que le ocultó de sus ojos" (leer Hechos 1:9-11). Dos ángeles que se acercaron les extendieron la promesa de que "este mismo Jesús, que ha sido tomado de vosotros al cielo, así vendrá como le habéis visto ir al cielo".

Así que queda constatado que Jesús ascendió al cielo, por lo que podemos estar seguros de que está involucrado en el cumplimiento de su promesa. Según sus palabras, fue a "preparar lugar" para nosotros.

¿Qué significa esto? Obviamente se refiere a la preparación literal de lugares donde habrán de vivir los redimidos. Es maravilloso pensar que Jesús mismo está preparando una casa para usted y para mí; una mansión como la que no soñaría tener el hombre más rico de la actualidad. Pero, ¿qué es lo que implica esta preparación?

Además de proveer un lugar físico para los redimidos, Jesús está involucrado en el proceso que asegura que de hecho podremos ingresar en la ciudadanía celestial. Y esto incluye una labor legal que podríamos comparar al proceso de inmigración a cualquier país. Se requiere el cumplimiento de ciertos requisitos legales y la aprobación del tribunal celestial. A este proceso legal lo conocemos con el nombre de *juicio final*.

La Palabra de Dios nos habla de un juicio final que demuestra la justicia del gobierno de Dios y que resuelve para siempre el problema del pecado y la rebelión. Esta verdad se la expresa en muchos lugares. Veamos algunos de ellos:

"Porque el Hijo del Hombre vendrá en la gloria de su Padre con sus ángeles, y entonces pagará a cada uno conforme a sus obras" (S. Mateo 16:27).

"Porque es necesario que todos nosotros comparezcamos ante el tribunal de Cristo, para que cada uno reciba según lo que haya hecho mientras estaba en el cuerpo, sea bueno o sea malo" (2 Corintios 5:10).

Daniel describe la imponente escena del juicio celestial: "Estuve mirando hasta que fueron puestos tronos, y se sentó un Anciano de días, cuyo vestido era blanco como la nieve, y el pelo de su cabeza como lana limpia; su trono llama de fuego, y las ruedas del mismo, fuego ardiente. Un río de fuego procedía y salía de delante de él; millares de millares le servían, y millones de millones asistían delante de él; el Juez se sentó, y los libros fueron abiertos" (Daniel 7:9-10).

Pero el gobierno de Dios, incluyendo su sistema legal, difiere bastante de sus contrapartes humanas. El concepto de juicio como lo conocemos no representa completamente la manera en que Dios sostiene la justicia del universo. Los sistemas legales humanos se basan en la retribución o castigo del culpable. El tribunal celestial contempla también el aspecto de la retribución, pero añade el concepto de la expiación, de un sacrificio que salda la cuenta del culpable. Por eso es que Dios también nos ofrece el concepto de un santuario celestial como el lugar donde ocurre el juicio.

El juicio de Dios introduce varios detalles fascinantes. Por ejemplo, Jesús actúa como juez: "Porque el Padre a nadie juzga, sino que todo el juicio dio al Hijo" (S. Juan 5:22). También es el abogado: "Hijitos míos —declaró San Juan—, estas cosas os escribo para que no pequéis; y si alguno hubiere pecado, abogado tenemos para con el Padre, a Jesucristo el justo" (1 S. Juan 2:1). No debemos pensar que el Padre está ajeno al juicio, sino que Jesús, el Hijo, tiene la función principal en determinar nuestra suerte eterna.

Romanos nos explica por qué podemos confiar en la buena voluntad de Dios. "¿Quién acusará a los escogidos de Dios? Dios es el que justifica. ¿Quién es el que condenará? Cristo es el que murió; más aun, el que también resucitó, el que además está a la diestra de Dios, el que también intercede por nosotros" (Romanos 8:33-34).

"A éste —escribe San Lucas refiriéndose a Jesús—, Dios ha exaltado con su diestra por Príncipe y Salvador, para dar a Israel arrepentimiento y perdón de pecados" (Hechos 5:31).

San Pablo se refiere a la función intercesora de Jesús cuando estipula que hay "un solo mediador entre Dios y los hombres, Jesucristo hombre" (1 Timoteo 2:5).

Cuando añadimos la dimensión del santuario al proceso del juicio, podemos comprender mejor lo que Jesús está haciendo ahora por nosotros. El libro de Hebreos nos enseña que Jesús es nuestro sumo sacerdote y compara su ministerio eterno y eficaz con el ministerio simbólico de los antiguos sacerdotes hebreos.

"Por tanto, Jesús es hecho fiador de un mejor pacto. Y los otros sacerdotes llegaron a ser muchos, debido a que por la muerte no podían continuar; mas éste, por cuanto permanece para siempre, tiene un sacerdocio inmutable; por lo cual puede también salvar perpetuamente a los que por él se acercan a Dios, viviendo siempre para interceder por ellos" (Hebreos 7:22-25).

Y Hebreos añade otro concepto que no queda explicado por la imagen de un juicio, la idea de un sacrificio por el pecado: "Porque tal sumo sacerdote nos convenía: santo, inocente, sin mancha, apartado de los pecadores, y hecho más sublime que los cielos; que no tiene necesidad cada día, como aquellos sumos sacerdotes, de ofrecer primero sacrificios por sus propios pecados, y luego por los del pueblo; porque esto lo hizo una vez para siempre, ofreciéndose a sí mismo" (versículo 26-27).

Juicio en el santuario

Podemos afirmar en términos generales que Jesús intercede por nosotros en un santuario y que su función tiene implicaciones legales. "Tenemos tal sumo sacerdote [Cristo], el cual se sentó a la diestra del trono de la Majestad en los cielos, ministro del santuario, y de aquel verdadero tabernáculo que levantó el Señor, y no el hombre" (Hebreos 8:1-2). Esto se refiere a un santuario celestial del cual el santuario de Moisés fue sólo una representación, un "santuario hecho de mano, figura del verdadero" (Hebreos 9:23-24).

El ministerio actual de Jesús en el santuario fue simbolizado antiguamente por el sacerdocio hebreo en el santuario de

Israel. Nos conviene tener en cuenta su forma y funcionamiento para comprender mejor la obra actual de nuestro Señor. He aquí una descripción breve del santuario terrenal, construido por Moisés y el pueblo durante el Exodo.[1]

Cuando los israelitas viajaban desde Egipto hacia la Tierra Prometida, Dios le ordenó a Moisés que construyese un santuario (ver Exodo 25:8). Dios procedió a mostrarle el diseño del santuario y todos sus muebles y utensilios (versículo 9).

Este santuario no era como una iglesia moderna. Consistía de un atrio o patio exterior de unos 53 por 26 metros y una tienda o tabernáculo de 16 por 5 metros. Esta tienda contenía dos habitaciones, una de las cuales era el doble en tamaño que la otra. Al salón mayor se le llamó el Lugar Santo; al más pequeño el Lugar Santísimo.

En el atrio se encontraban dos muebles: el altar del sacrificio y el lavacro (ver Exodo 27:1-8; 30:18-21). El altar del sacrificio era una enorme parrilla en la que se quemaban los animales que eran ofrecidos a Dios. El lavacro era un gran recipiente de bronce de donde sacaban agua los sacerdotes para lavarse las manos y pies antes de entrar en el santuario.

El Lugar Santo contenía tres piezas: un candelabro con siete brazos (el *menorah*), una mesa en la que se colocaban 12 panes cada sábado, y un altar para quemar incienso cada mañana y cada noche. El Lugar Santísimo contenía el arca del testimonio, una caja de un metro de longitud que contenía las tablas de los Diez Mandamientos. Su tapa era de oro puro y se la llamaba el propiciatorio. A ambos extremos se encontraban querubines tallados en oro. El arca era un símbolo del trono de Dios porque la presencia de Dios se manifestaba encima del propiciatorio. (Para leer más sobre el santuario y sus muebles, ver Exodo 25 al 27.)

Este santuario era la escena de ritos y ceremonias que ejemplificaban el plan divino para la salvación del hombre. Había varios tipos de sacrificios (ver Levítico 4-6). Generalmente el pecador colocaba sus manos sobre la cabeza del animal destinado al sacrificio y le quitaba la vida. El sacerdote recogía la sangre del animal y la rociaba sobre el altar y el santuario. En el caso del sacrificio por los pecados del sumo sacerdote, se rociaba la sangre sobre el velo que separaba el Lugar Santo del Santísimo.

En resumen, los pecados de los penitentes se transferían al santuario por medio del animal sacrificado. Estos sacrificios simbolizaban la máxima ofrenda de la vida de Cristo, la que los reemplazó para siempre (ver Hebreos 9:28; 10:11-12). Este cambio fue dramatizado por la rasgadura del velo del templo de Jerusalén en ocasión de la muerte de Jesús (S. Mateo 27:50-51). En ese momento el símbolo encontró la realidad.

Recurrimos a la descripción de los servicios del santuario terrenal porque pueden ayudarnos a entender el ministerio de Cristo en el santuario celestial. El pan de la presencia simbolizaba a Cristo, el Pan de vida (ver Exodo 25:30; S. Juan 6:32-35). El aceite que se quemaba en el candelabro simbolizaba al Espíritu Santo, cuya presencia trae luz al alma. La luz en sí también representaba a Cristo, la luz del mundo (ver S. Juan 8:12).

En el Lugar Santísimo entraba el sumo sacerdote una vez al año durante el día de la expiación. En Levítico 16 se describe la purificación del santuario que ocurría ese día. Aplicaba la sangre de un macho cabrío a la cubierta del arca del pacto, y así purificaba el santuario de los pecados confesados en él durante todo el año. Luego, en representación de Cristo como mediador, el sumo sacerdote tomaba sobre sí los pecados que habían contaminado el santuario y los transfería a un macho cabrío vivo, símbolo de Satanás, que entonces era abandonado en el desierto para que muriese. Esa purificación era un símbolo del juicio de Dios.

El santuario del Exodo ilustraba entonces las diferentes fases del plan de salvación: (1) El sacrificio supremo de Jesús, (2) su intercesión sacerdotal a nuestro favor en el cielo, y (3) el juicio final. Los servicios del día de la expiación en particular simbolizaban la tres etapas del juicio divino que comienza antes de la segunda venida de Cristo y continúa hasta resolver para siempre el problema del pecado. Estas son las tres fases:

(1) Un juicio previo al advenimiento. Se necesita un juicio antes de la segunda venida de Cristo para determinar quiénes se salvarán y quiénes se perderán cuando él venga a buscar a sus hijos. Apocalipsis muestra lo imperioso de esta fase del juicio cuando incluye la promesa de Jesús: "He aquí que yo vengo pronto, y mi galardón conmigo, para recompensar a cada uno según sea su obra" (capítulo 22:12).

Jesús viene a pagar a "cada uno según sus obras" (S. Mateo 16:27); por lo tanto, es indispensable que se haya tenido una investigación de cada caso antes de emitirse el fallo. Jesús enseñó esto cuando relató la parábola del banquete de bodas (S. Mateo 22:10-14). Según su relato, el rey llegó a inspeccionar a los invitados a la boda de su hijo y cuando encontró a uno que no estaba vestido de boda, mandó a que lo echaran en las tinieblas de afuera. La inspección ilustra la obra del juicio previo al advenimiento (la boda en sí). El vestido de boda es símbolo de la justicia de Cristo otorgada a cada creyente que acepta el sacrificio de Jesús y se entrega por la fe al Salvador.

(2) El juicio durante el milenio, del que habla Apocalipsis y en el que hemos de participar los redimidos. "Y vi tronos —dice el profeta Juan—, y se sentaron sobre ellos los que recibieron facultad de juzgar... y vivieron y reinaron con Cristo mil años" (capítulo 20:4). San Pablo añade: "¿O no sabéis que los santos han de juzgar al mundo? Y si el mundo ha de ser juzgado por vosotros, ¿sois indignos de juzgar cosas muy pequeñas?" (1 Corintios 6:1-3).

Este juicio milenario "abarca la revisión de la sentencia de los malvados, y beneficiará a los redimidos al proveer para ellos la comprensión de la forma como Dios trata con el pecado y con los pecadores que no fueron salvos".[2]

(3) La última fase del juicio final es lo que puede llamarse la fase ejecutiva; cuando Dios hace descender fuego del cielo que destruye a los malvados y purifica el planeta (ver Apocalipsis 20:11-15; S. Mateo 25:31-46; 2 S. Pedro 3:7-13).

En el cielo hay libros de registros de varios tipos (ver Daniel 7:9-10; 12:1; Apocalipsis 20:11-12, 15; S. Lucas 10:20). Estos registros meticulosos serán la base de la investigación celestial de cada caso; pero recordemos que "ninguna condenación hay para los que están en Cristo Jesús, los que no andan conforme a la carne, sino conforme al Espíritu" (Romanos 8:1).

Jesús mismo nos prometió: "El que oye mi palabra, y cree al que me envió, tiene vida eterna; y no vendrá a condenación, mas ha pasado de muerte a vida" (S. Juan 5:24).

El mensaje central del tema del santuario y el juicio final es que nuestra suerte está en las manos de un Amigo que vino a "buscar y a salvar lo que se había perdido" (S. Lucas 19:10). Nos muestra claramente que el hombre no puede salvarse por sí mismo; que hay actos externos que propician nuestra salvación. Nos enseña que el plan de Dios es un matrimonio perfecto de la justicia y la misericordia; que aunque estábamos condenados en nuestros delitos, Dios proveyó un camino de salvación a través del sacrificio, la mediación y el juicio ejecutados por Jesús.

Debido a que el pecado es un elemento extraño e indeseado en la presencia divina, Dios ha buscado una manera de borrarlo en base al sacrificio de Jesús y la obra del juicio. Por eso usted y yo podemos aferrarnos de las promesas divinas y acercarnos "confiadamente al trono de la gracia, para alcanzar misericordia y hallar gracia para el oportuno socorro" (Hebreos 4:16).

El mensaje del santuario provee detalles para completar el hermoso cuadro del Evangelio, la noticia de que Dios envió a Cristo al mundo para "reconciliar consigo todas las cosas, así las que están en la tierra como las que están en los cielos, haciendo la paz mediante la sangre de su cruz" (Colosenses 1:20). "Pero ahora en Cristo Jesús —añade el apóstol—, vosotros que en otro tiempo estabais lejos, habéis sido hechos cercanos por la sangre de Cristo" (Efesios 2:13).

Por eso dice el libro de Hebreos: "Así que, hermanos, teniendo libertad para entrar en el Lugar Santísimo por la sangre de Jesucristo, por el camino nuevo y vivo que él nos abrió a través del velo, esto es, de su carne, y teniendo un gran sacerdote sobre la casa de Dios, acerquémonos con corazón sincero, en plena certidumbre de fe, purificados los corazones de mala conciencia, y lavados los cuerpos con agua pura. Mantengamos firme, sin fluctuar, la profesión de nuestra esperanza, porque fiel es el que prometió" (Hebreos 10:19-23).

Podemos profesar esperanza y seguridad espiritual, porque fiel es el que prometió. Sabemos en quién hemos creído. Conocemos el amor maravilloso de Cristo. Nuestra fe no se basa en nuestras propias obras ni se origina en nuestra mente o corazón. "El creyente triunfa porque Cristo conquista... El trono de Dios está eternamente asegurado porque Cristo venció a Satanás en el Calvario. Este es el asunto central en la obra divina dentro del santuario celestial: el triunfo de la Deidad sobre Satanás y su ejército, y la reconciliación de todo el universo consigo mismo".[3]

El conferencista Mark Finley utiliza una ilustración de su niñez para explicar la actitud de Dios en el juicio. Era una tarde calurosa en Norwich, Connecticut, y un grupo de niños comenzaron a jugar béisbol en el patio trasero de la casa de uno de ellos. Todo fue muy bien hasta la tercera entrada. A Mark le tocaba batear. Lanzaron la bola. Mark hizo girar el bate con todas sus fuerzas. La pelota pasó por encima del jardín central. Se iba, se iba y se fue... Por encima de la cerca, fuera del alcance de la vista de los niños y de lleno contra una ventana de cristal.

Mark tuvo mucho miedo. Comenzó a correr, no alrededor de las bases, sino hacia su casa. Quería darle la noticia a su papá antes de que la vecina le informara por teléfono.

El papá escuchó atentamente a Mark y sólo le dijo: "Entremos al auto". Se dirigieron a la casa de la vecina y el papá le pidió a Mark que explicara lo sucedido. Luego Mark quedó asombrado por lo que pasó. El papá habló con una voz suave y calmada: "Sra. Gerhard, soy el padre de Mark. Yo acepto la responsabilidad total por lo que ocurrió. El es culpable. Rompió su ventana. Pero no se preocupe, yo recogeré los pedazos de vidrio roto y repararé la ventana inmediatamente".

Eso es lo que sucede con nuestro Padre celestial cuando confesamos nuestros pecados. El anuncia frente a todo el universo: "Este es mi hijo. Esta es mi hija. Yo acepto la responsabilidad por lo que han hecho. Yo los he perdonado. Repararé los pedazos rotos de su vida para que puedan ser una ventana a través de la cual el mundo pueda ver las maravillas de mi gracia".[4]

Desde el santuario nuestro Amigo Jesús dirige nuestra salvación. Desde él envía su poder divino a sus hijos, desde él escucha todas nuestras oraciones y ejecuta su juicio. Todo lo que hace en el cielo es a nuestro favor. Desea defendernos y abrazarnos e infundirnos la confianza que necesitamos para vivir una vida feliz y significativa. A nosotros nos toca decidir si vamos a aceptar sus servicios como nuestro Abogado y Salvador.

---

(1) Para esta descripción sigo el orden que ofrecen Erwin Gane y Leo Van Dolson en *This We Believe* (Boise, Idaho: Pacific Press, 1993), pp. 208-212. (2) *Creencias de los Adventistas del Séptimo Día* (Boise, Idaho: Pacific Press, 1988), p. 368. (3) Edward Heppenstall, *Our High Priest* (Washington, D.C.: Review and Herald, 1972), p. 22. (4) Mark Finley, *Discover Jesus* (Boise, Idaho: Pacific Press, 1993), pp. 82-83.

Capítulo 11

Un Gran Día que se Aproxima

"Porque la gracia de Dios se ha manifestado para salvación a todos los hombres, enseñándonos que, renunciando a la impiedad y a los deseos mundanos, vivamos en este siglo sobria, justa y piadosamente, aguardando la esperanza bienaventurada y la manifestación gloriosa de nuestro gran Dios y Salvador Jesucristo" (Tito 2:11-13).

El día 13 de septiembre de 1993 fue un día histórico. Ante un nutrido grupo de dignatarios de un gran número de países, el primer ministro de Israel, Yitzhak Rabin, tomó la mano extendida por Yasser Arafat, dirigente de la Organización de Liberación Palestina (OLP), para ratificar un acuerdo que comienza a extender derechos de autonomía a los palestinos en las franjas de Gaza y Jericó.

Los presentes mostraron alivio y satisfacción mientras que el presidente de los Estados Unidos, Bill Clinton, sonreía con ojos opacados por las lágrimas. Dos guerreros enfrascados en uno de los conflictos bélicos más antiguos del planeta hacían las paces. Las gestiones de organismos mundiales y miríadas de diplomáticos habían comenzado a lograr uno de sus objetivos más elusivos: la paz en el Medio Oriente.

Pero este acuerdo es sólo el comienzo. El camino por recorrer todavía es largo y difícil. La paz nos elude a los humanos porque nuestros corazones están llenos de guerra y odios fratricidas. La paz verdadera proviene de Jesús (ver S. Juan 14:27), y está basada en una relación de fe y amor con él y en la esperanza de su regreso. La segunda venida de Cristo es la única gestión de paz que ofrece una solución total y completa para los males de la humanidad.

Lo que la Biblia dice sobre esta esperanza

La doctrina de la segunda venida de Cristo ocupa un lugar prominente en la Biblia. Se la menciona 318 veces en el Nuevo Testamento, a razón de un versículo de cada 25. Sólo cuatro libros no la mencionan.[1]

El Señor habló de su regreso en sus parábolas y predicciones. Dedicó a este tema su discurso profético, reproducido en los capítulos 24 y 25 de San Mateo, el 13 de San Marcos y el 21 de San Lucas. El libro de los Hechos comienza con el relato de la ascensión y la promesa del regreso del Señor. Pablo habló de la segunda venida en sus primeras cartas, la Epístola a los Tesalonicenses, y en su última epístola, 2 Timoteo, expresa su esperanza de recibir una corona en ocasión del regreso de Jesús.

En Hebreos se invita a los lectores a perseverar en la fe porque "aún un poquito, y el que ha de venir vendrá, y no tardará" (Hebreos 10:37). Santiago anima a los cristianos a tener paciencia, "porque la venida del Señor se acerca" (Santiago 5:8). San Pedro escribió acerca del día del Señor "en el cual los cielos pasarán con grande estruendo, y los elementos ardiendo serán deshechos" (2 S. Pedro 3:10). Juan, hablando de la transformación del creyente, declaró: "Sabemos que cuando él [Jesús] se manifieste, seremos semejantes a él, porque le veremos tal como él es" (1 S. Juan 3:2); y el Apocalipsis presenta la venida del Señor como el evento definitivo de la redención: "He aquí que viene con las nubes, y todo ojo le verá" (capítulo 1:7).

Incluso los últimos versículos de la Biblia contienen la dulce promesa del regreso de nuestro Amigo Jesús: "El que da testimonio de estas cosas dice: Ciertamente vengo en breve. Amén; sí, ven, Señor Jesús".

Entendemos entonces que la doctrina de la segunda venida de Cristo no está basada en especulaciones humanas, sino en las promesas fidedignas y repetidas de la palabra de Dios. Poco antes de morir el Señor declaró a sus discípulos: "No se turbe vuestro corazón; creéis en Dios, creed también en mí. En la casa de mi Padre muchas moradas hay; si así no fuera, yo os lo hubiera dicho; voy, pues, a preparar lugar para vosotros. Y si me fuere y os preparare lugar, vendré otra vez, y os tomaré a mí mismo, para que donde yo estoy, vosotros también estéis" (S. Juan 14:1-3).

Señales de la segunda venida

El Señor se refiere a más de 20 señales de la segunda venida. No hay ningún evento más sobresaliente que otros que nos haga decir: "Este es". Los estudiantes de las profecías no están prediciendo constantemente la segunda venida basados en sucesos particulares como un terremoto, huracán o cosa por el estilo. Más bien es la combinación de varias señales lo que determina el clima de las cosas justo antes de la segunda venida. Necesitamos mirar el cuadro mayor; si así lo hacemos notaremos numerosas señales del pronto regreso de Jesús.

El sermón profético de Jesús es la mejor fuente de información sobre este tema. Cuando sus discípulos le preguntaron acerca de las señales del fin, Jesús enumeró toda una serie. Entre ellas se destacan, en el orden en que aparecen en San Mateo 24:

1. Guerras y rumores de guerra

"Y oiréis de guerras y rumores de guerras; mirad que no os turbéis, porque es necesario que todo esto acontezca; pero aún no es el fin" (versículo 6).

Desde la Primera Guerra Mundial en 1915, nuestro mundo se ha visto sacudido por más guerras que en cualquier otro período de la historia conocida. Actualmente hay guerras entre países o guerras civiles en casi cada continente, sin contar los conflictos sociales y las "guerras" del crimen en las grandes ciudades, que reclaman tantas víctimas como los conflictos formalmente declarados. Desde las turbulencias en el Oriente: China, Laos, Cambodia, Vietnam, las Filipinas, hasta la tirante situación entre Israel y los países árabes, las guerras étnicas en Bosnia-Herzegovina, las tensiones de Irlanda y Sudáfrica, y las luchas interminables en Centro y Sudamérica, todo nos confirma el cumplimiento de esta condición. En agosto de 1993 se podían contar 112 disturbios bélicos y 32 guerras entre las naciones del mundo.

Usted quizá diga: "¿Y qué diremos de la reciente ceremonia de paz entre israelitas y musulmanes? ¿Acaso este no es el preludio de una nueva era de paz?" La creación de organismos mundiales a favor de la paz y sus gestiones, fenómeno de la segunda mitad de este siglo, también encaja dentro del cuadro profético de la Biblia que nos habla de una proclamación de paz, previa a la destrucción final. "Porque vosotros sabéis perfectamente que el día del Señor vendrá así como ladrón en la noche; que cuando *digan*: Paz y seguridad, entonces vendrá sobre ellos destrucción repentina, como los dolores a la mujer encinta, y no escaparán" (1 Tesalonicenses 5:2-3).

2. Pestes, y hambres, y terremotos

Parece improbable que en este siglo XX, con los avances de la ciencia y el conocimiento, tengamos que luchar contra epidemias y el hambre; pero hemos visto nuevos brotes de epidemias que creíamos vencidas y el surgimiento de nuevas enfermedades como el SIDA. Durante varios meses los peruanos sufrieron los azotes de una epidemia de cólera. Para mediados de febrero de 1991, habían muerto 90 personas y

14.000 habían sido infectadas. Esta es la primer manifestación mayor de esta enfermedad en este hemisferio desde comienzos del siglo.

Por su parte, el SIDA sigue amenazando con convertirse en la más terrible epidemia de este siglo. Para fines de 1990, se habían informado 161.073 casos de SIDA avanzado en los Estados Unidos. De éstos, 100.777 han muerto. En los últimos dos años, la cantidad de muertos por el SIDA ha excedido la cifra correspondiente al total de los 8 años anteriores (*Centers for Disease Control*, 24 de enero, 1991).

Hambrunas. En el Africa, más de 19 millones de personas están pasando hambre debido a las sequías y las guerras civiles. Actualmente 4 de cada 5 bebés nacen en países que son incapaces de proveerles la alimentación que necesitan. La India tiene una población de 700 millones, 600 millones de los cuales sufren de desnutrición. Y no hemos contado el hambre que se debe a los problemas políticos y a los bloqueos económicos en países como Yugoslavia y Cuba.

Y a pesar del esfuerzo de innumerables agencias caritativas y enormes donaciones, la ambición política y el egoísmo han impedido que los alimentos lleguen a los hambrientos; cientos de miles mueren de hambre cada año.

Terremotos. Cuando se presenta gráficamente la incidencia de terremotos en los últimos 200 años, se revela que la frecuencia es cientos de veces superior a la de siglos anteriores. Se predicen terremotos severos para grandes centros urbanos en California y en el noroeste de los Estados Unidos. En el mes de septiembre de 1993, la India sufrió uno de los terremotos más mortíferos de las últimas décadas, con alrededor de 30.000 víctimas.

3. Se enfriará el amor

La Biblia describe varias señales en el mundo social y afectivo:

En un libro reciente titulado *The Science of Love* (La ciencia del amor), escrito por Tony Walsh, experto en criminología, se presentan los resultados de estudios que demuestran una relación directa entre la carencia de amor durante la infancia y la comisión de crímenes en la edad adulta. Esta carencia de afecto durante la infancia está asociada con niveles más bajos de inteligencia y también es una de las causas de la drogadicción, el alcoholismo y de enfermedades mentales como la depresión y la esquizofrenia.

La Palabra de Dios describió en forma certera la situación actual en las palabras del apóstol Pablo: "En los postreros días vendrán tiempos peligrosos. Porque habrá hombres amadores de sí mismos, avaros, vanagloriosos, soberbios, blasfemos, desobedientes a los padres, ingratos, impíos, sin afecto natural, implacables, calumniadores, intemperantes, crueles, aborrecedores de lo bueno, traidores, impetuosos, infatuados, amadores de los deleites más que de Dios" (2 Timoteo 3:1-4).

Entre la terrible letanía de pecados que se manifestarían en el tiempo del fin, se pueden destacar los pecados de desorden sexual: la homosexualidad, el lesbianismo, la violencia sexual y la inmoralidad en general. (Lea una descripción de la degeneración del hombre pecador en Romanos 1:21-32.) San Lucas compara los días de la venida del Señor con la situación de los habitantes de Sodoma y Gomorra antes de su destrucción (ver S. Lucas 17:28-30); el mal dominante en esa sociedad fue una sensualidad desenfrenada. No necesitamos ser muy perspicaces para advertir las señales de una intensa inmoralidad en nuestros días.

Un egoísmo desenfrenado ha hecho que los sociólogos se refieran a las personas de nuestros días como la "generación del yo". Este egocentrismo ha producido seres humanos inmaduros, estrechos y fríos que compiten salvajemente por aventajar a los demás en la búsqueda de placeres ilusos. Esta situación, unida a la ausencia de reglas morales, es la raíz de un nuevo y sorprendente surgimiento de deshonestidad en todos los sectores.

Otra característica de la humanidad en los últimos días es la presencia de profundos sentimientos de angustia: "Entonces habrá señales en el sol, en la luna y en las estrellas, y en la tierra angustia de las gentes, confundidas a causa del bramido del mar y de las olas; *desfalleciendo los hombres por el temor y la expectación de las cosas que sobrevendrán en la tierra*; porque las potencias de los cielos serán conmovidas" (S. Lucas 21:25-26).

4. Señales en el mundo religioso

"Entonces, si alguno os dijere: Mirad, aquí está el Cristo, o mirad, allí está, no lo creáis. Porque se levantarán falsos Cristos, y falsos profetas, y harán grandes señales y prodigios, de tal manera que engañarán, si fuere posible, aun a los escogidos" (S. Mateo 24:23-24).

En mis archivos tengo varias cartas de personas que aseveran ser profetas. Trato de leer con respeto los materiales que me envían, pero generalmente incluyen elementos que me hacen descartarlos como falsa profecía. Casi todos fijan fechas para los eventos del fin y para la venida del Señor.

Uno de los diagramas proféticos que llegaron así a mis manos anunciaba el comienzo de una Tercera Guerra Mundial para el verano de 1990. Otro predecía un ataque militar al Vaticano en 1989. En uno de los casos, decidí esperar algunos meses para contestar la carta, hasta que pasó una de las fechas anunciadas por el presunto profeta. Mi carta comenzaba: "Me imagino que ya se habrá dado cuenta que sus profecías estaban erradas..." La Biblia es muy clara para condenar la práctica de poner fechas: "Pero del día y la hora nadie sabe, ni aun los ángeles de los cielos, sino sólo mi Padre" (S. Mateo 24:36).

Esta es una época propicia para el surgimiento de nuevas religiones exóticas y la introducción de errores en las religiones cristianas tradicionales. Han surgido nuevas manifestaciones paganas como la Nueva Era y nuevas versiones del espiritismo que promulgan el endiosamiento del ser humano. La Biblia es clara en presentar sólo un nombre en el que podemos ser salvos: Jesús (Hechos 4:12). "Hay un solo Dios, y un solo mediador entre Dios y los hombres, Jesucristo hombre" (1 Timoteo 2:5).

Satanás está usando sus más sutiles engaños para introducir el error en la mente de los seres humanos, y su mayor mentira será la de personificar al Señor Jesucristo. La Biblia es clara en enseñar que Jesús no llegará a diferentes lugares del planeta en forma personal, sino que vendrá en las nubes para llevarse inmediatamente a sus fieles y destruir a los impíos con el resplandor de su venida (2 Tesalonicenses 2:7-8).

Hablando del pueblo cristiano que será testigo de la segunda venida, la profecía señala que ellos "guardan los mandamientos de Dios y tienen el testimonio de Jesucristo" (Apocalipsis 12:17). El mensaje divino que ha de ser proclamado antes de la segunda venida de Cristo es "el evangelio eterno", y llama a temer a Dios y a darle honra, "porque la hora de su juicio ha llegado —y continúa—; y adorad a aquel que hizo el cielo y la tierra, el mar y las fuentes de las aguas" (lea Apocalipsis 14:6-12).

Es indudable que los hijos fieles de Dios se aferrarán a las grandes verdades eternas de la Biblia: el Evangelio, los mandamientos, el juicio final y el reconocimiento de Dios como el Creador. En estos días finales son especialmente atinadas las palabras de Jesús cuando dijo: "Escudriñad las Escrituras; porque a vosotros os parece que en ellas tenéis la vida eterna; y ellas son las que dan testimonio de mí" (S. Juan 5:39).

Cómo vendrá Jesús

Veamos algunas características de este magno evento.

1. La venida de Cristo será visible. Jesucristo describió su venida como un evento público y extraordinario, nada que se aproxime a una venida espiritual o secreta.

Cuando llegó el momento de trasladarse al cielo, Jesús reunió a sus discípulos y les habló brevemente sobre la promesa del poder que les sería impartido por el Espíritu Santo. He aquí lo que sucedió después:

"Y habiendo dicho estas cosas, viéndolo ellos, fue alzado, y le recibió una nube que le ocultó de sus ojos. Y estando ellos con los ojos puestos en el cielo, entre tanto que él se iba, he aquí se pusieron junto a ellos dos varones con vestiduras blancas, los cuales también les dijeron: Varones galileos, ¿por qué estáis mirando al cielo? *Este mismo Jesús, que ha sido tomado de vosotros al cielo, así vendrá como le habéis visto ir al cielo*" (Hechos 1:9-11).

La palabra griega *parousía*, que se utilizó para referirse a la segunda venida en los manuscritos originales, significa una aparición personal, visible y gloriosa. Jesucristo nunca describió su retorno de otra forma. Dejemos que sea la Palabra la que hable:

"Porque como el relámpago que sale del oriente y se muestra hasta el occidente, así será la venida del Hijo del Hombre...

"Entonces aparecerá la señal del Hijo del Hombre en el cielo; y entonces lamentarán todas las tribus de la tierra, y verán al Hijo del Hombre viniendo sobre las nubes del cielo, con poder y gran gloria" (S. Mateo 24:27, 30).

El Apocalipsis también acentúa la visibilidad del magno evento: "He aquí que viene con las nubes, y *todo ojo le verá*, y los que le traspasaron; y todos los linajes de la tierra harán lamentación por él. Sí, amén" (Apocalipsis 1:7).

No temamos que la segunda venida sea un evento reservado para algunos privilegiados, que pase inadvertido para la mayoría; la Biblia nos asegura que será imposible ignorar la venida gloriosa del Hijo del hombre.

2. Será audible. La magnitud de la segunda venida no impactará solamente nuestro sentido de la vista, sino también nuestra capacidad auditiva.

"Porque el Señor mismo con voz de mando, con voz de arcángel, y con trompeta de Dios, descenderá del cielo; y los muertos en Cristo resucitarán primero" (1 Tesalonicenses 4:16).

Otras versiones dicen que el Señor vendrá con "clamor". Lo que es indudable es el poder extraordinario de la voz de Dios. Será tan penetrante que incluso los santos muertos la oirán. Entrará hasta los sepulcros más profundos con su mensaje de victoria sobre el pecado y la muerte. Así lo describe también el apóstol Pablo. "En un momento, en un abrir y cerrar de ojos, a la final trompeta; porque se tocará la trompeta, y los muertos serán resucitados incorruptibles, y nosotros seremos transformados" (1 Corintios 15:52).

¿Qué escucharemos entonces? Todo el planeta será inundado con los sonidos más poderosos alguna vez escuchados. Se oirá la voz de Dios, descrita en otro pasaje como el sonido de muchas aguas (Apocalipsis 1:15); se escuchará el clarín de una trompeta sobrenatural que sacudirá hasta los sepulcros. No hay espectáculo humano capaz de rivalizar con la magnitud del regreso del Creador de este planeta cuando venga a reclamar a su creación perdida.

3. Será gloriosa. Otros detalles sobresalientes acerca de la venida del Señor nos dan una idea certera de su forma. Jesús no vendrá esta vez solo, a compartir la suerte de los seres humanos que lo rechazaron y condenaron. Su venida será la de un general triunfante. En forma en parte simbólica y muy significativa, el Apocalipsis lo describe como el jinete del caballo blanco:

"Entonces vi el cielo abierto; y he aquí un caballo blanco, y el que lo montaba se llamaba Fiel y Verdadero, y con justicia juzga y pelea. Sus ojos eran como llama de fuego, y había en su cabeza muchas diademas; y tenía un nombre escrito que ninguno conocía sino él mismo. Estaba vestido de una ropa teñida en sangre; y su nombre es: EL VERBO DE

DIOS. Y los ejércitos celestiales, vestidos de lino finísimo, blanco y limpio, le seguían en caballos blancos... Y en su vestidura y en su muslo tiene escrito este nombre: REY DE REYES Y SEÑOR DE SEÑORES" (Apocalipsis 19:11-16).

Jesús vendrá acompañado de un ejército glorioso. El libro de Judas cita una antigua profecía de Enoc: "He aquí, vino el Señor con sus santas decenas de millares" (Judas 14). Pero no será este ejército el que determinará la derrota completa de Satanás. El poder que creó el universo hará la extraña obra de destrucción. La misma voz que llamó a la vida a nuestro planeta, con su topografía, fauna y flora, producirá una destrucción que no podría ser imitada por todas las bombas atómicas. El apóstol Pedro dice, primero refiriéndose a la ocasión y luego a la forma del evento:

"Pero el día del Señor vendrá como ladrón en la noche; en el cual los cielos pasarán con grande estruendo, y los elementos ardiendo serán deshechos, y la tierra y las obras que en ella hay serán quemadas... ¡Cómo no debéis vosotros andar en santa y piadosa manera de vivir, esperando y apresurándoos para la venida del día de Dios, en el cual los cielos, encendiéndose, serán deshechos, y los elementos, siendo quemados, se fundirán!" (2 S. Pedro 3:10-12).

¿Para qué vendrá Jesús?

1. Jesús vendrá para librarnos de la muerte

Cristo obtuvo la victoria decisiva en el Calvario. Su muerte y resurrección hicieron posible que todo ser humano que desee, pueda escaparse de las garras del pecado y Satanás. Nadie puede cerrar la puerta de la salvación que él abrió. Pero el conflicto no concluirá hasta que Satanás y la muerte sean eliminados por completo.

Leamos cómo lo explica San Pablo:

"Porque así como en Adán todos mueren, también en Cristo todos serán vivificados... Porque preciso es que él reine hasta que haya puesto a todos sus enemigos debajo de sus pies. Y el postrer enemigo que será destruido es la muerte" (1 Corintios 15:22-26).

El apóstol continúa describiendo la segunda venida: "En un momento, en un abrir y cerrar de ojos, a la final trompeta; porque se tocará la trompeta, y los muertos serán resucitados incorruptibles, y nosotros seremos transformados" (versículo 52).

2. Jesús vendrá para librarnos de la injusticia y el pecado

El plan de salvación, del cual Cristo es ejecutor, tiene el propósito de neutralizar por completo todas las consecuencias del pecado. Desde la muerte de Abel, el hombre ha tenido que soportar la injusticia. A menudo se ha escuchado el clamor de hombres y mujeres que preguntan: ¡Hasta cuándo, Señor!

¿Hasta cuándo continuarán rodando las lágrimas de las víctimas de este mundo? ¿Hasta cuándo continuará la angustia de los pobres y los oprimidos?

¿Por qué Andrés, el hijo de 9 años de una familia pobre de Latinoamérica, tendrá que aprender a subsistir con sólo una porción ínfima de las ventajas que disfruta John en otro país más industrializado? ¿Por qué incluso dentro de la misma sociedad existen desigualdades tan ciegas e injustas?

En los Estados Unidos se nota una considerable diferencia entre la riqueza de personas de diferentes razas. Las familias de raza blanca o anglosajona tienen como promedio 10 veces más riquezas que las familias de raza negra, y 8 veces más que las familias hispanas (*Census Bureau*, 1988). Según la misma fuente, una quinta parte de los norteamericanos controlan un 44 por ciento de toda la riqueza nacional. ¿Por qué unos tienen y otros no? ¿Por qué unos nacen en situaciones desventajosas cuando otros lo tienen todo?

El juicio final de Dios, del que hablamos en el capítulo anterior, resolverá para siempre el problema de la injusticia y las desigualdades.

"Cuando el Hijo del Hombre venga en su gloria, y todos los santos ángeles con él, entonces se sentará en su trono de gloria, y serán reunidas delante de él todas las naciones; y apartará los unos de los otros, como aparta el pastor las ovejas de los cabritos" (S. Mateo 25:31-32; lea hasta el 46).

El apóstol Pablo instó a Timoteo con las palabras: "Te encarezco delante de Dios y del Señor Jesucristo, que juzgará a los vivos y a los muertos en su manifestación y en su reino" (2 Timoteo 4:1).

3. Jesús vendrá para reinar

El resultado más glorioso de la segunda venida es que tendrá efectos permanentes. Jesús viene para quedarse.

La Biblia abunda en pasajes sobre el reinado del Mesías. El Apocalipsis anuncia proféticamente el momento de la toma de posesión: "El séptimo ángel tocó la trompeta, y hubo grandes voces en el cielo, que decían: Los reinos del mundo han venido a ser de nuestro Señor y de su Cristo; y él reinará por los siglos de los siglos" (Apocalipsis 11:15).

De rodillas ante Dios

Los efectos de la segunda venida significarán mucho más que lo que nuestras palabras pueden expresar. Joni Eareckson Tada explica lo que la segunda venida significará para ella. Joni es cuadripléjica y está limitada a una silla de ruedas. Una de las cosas que más anhela en su vida es poder postrarse de rodillas para adorar a Dios.

En cierta ocasión Joni participó en una convención en la que se invitó a todos los concurrentes, unas 600 personas, a arrodillarse para un momento de oración. Al ver a este enorme grupo de rodillas ante Dios, Joni no pudo contener sus lágrimas de emoción. Entonces oró así: "Señor Jesús, espero con ansias el día cuando me pondré de pie sobre mis piernas resucitadas. Lo primero que haré entonces será dejarme caer de rodillas y adorarte".

Pronto vendrá el día en el que Joni, usted y yo podremos

arrodillarnos ante el Rey que viene. El cielo está a las puertas. ¿No querrá usted prepararse para ese día?

---

(1) Para este capítulo sobre la segunda venida, he utilizado bastante material anteriormente publicado en mi librito *Rescate desde el Orión* (Boise, Idaho: Pacific Press, 1991), aunque lo he actualizado y adaptado.

El mensaje de la esperanza—2

Capítulo 12

Tres Angeles nos Hablan

"Retorna, Maestro, te necesitamos,
esta vida nuestra no es vida sin ti.
Pon fin a este loco y audaz frenesí
que humilla y agosta lo que más amamos.

¿Qué vale la vida si no la vivimos
desde que la matan pecado y dolor?
¿Qué vale esta tierra desde que el horror
de todos los males en ella sufrimos?

Señor Jesucristo, tú lo has prometido
y no has fracasado en ninguna ocasión:
vuelve por aquellos a los que has querido

y de quienes eres única ilusión.
¡Vuelve ya, Maestro, te espera rendido
del amor más tierno nuestro corazón".

Braulio Pérez Marcio

Harvey Weinstein jamás olvidará el mes de agosto de 1993. Fue en ese mes que Harvey, de 68 años de edad y el dueño de una factoría de trajes de hombre en Queens, Nueva York, pasó 12 días enterrado en un agujero de unos dos metros de largo por uno de ancho. Sus captores demandaron un rescate, pero hubo evidencia que sugirió que pensaban abandonarlo de todas formas. La primera cosa que Harvey Weinstein hizo cuando llegó a la sede de su compañía en Queens fue acercarse a los dos detectives que lo rescataron y tomarlos de las manos. Abrazó y dio palmadas en las espaldas a sus salvadores: Rubén Santiago y William Mondore.

Con las manos del oficial Mondore entre las suyas, Harvey Weinstein declaró ante el grupo de empleados, policías y periodistas: "Ustedes tienen que entender la desesperación en que me encontraba. Casi me doy por vencido. Tomar la mano de este hombre a través de aquella pequeña abertura para salir de mi prisión fue una experiencia que muy pocos humanos comprenden. En ese momento supe que estaría de vuelta en mi hogar. Supe que estaba seguro, que Dios me había sonreído".[1]

Aunque pocos de nosotros viviremos una tragedia como la de Harvey, todos hemos de participar en una operación de rescate no menos real. Y la mano que se introduzca entre las tinieblas de la vida presente para introducirnos en la brillante luz de la eternidad será la misma mano que fue clavada por nosotros en el Calvario hace tantos años.

Nuestro rescate se aproxima. ¿Cómo hemos de prepararnos? ¿Estaremos dispuestos a confiar enteramente en las Escrituras? ¿En los mensajes de nuestro Amigo celestial?

Es indudable que los hijos fieles de Dios se aferrarán a las grandes verdades eternas de la Biblia que hemos estado discutiendo: la vida eterna únicamente en Cristo, los mandamientos, el verdadero día de reposo, el juicio final y la segunda venida de Cristo. En estos días finales son especialmente atinadas las palabras de Jesús cuando dijo: "Escudriñad las Escrituras; porque a vosotros os parece que en ellas tenéis la vida eterna; y ellas son las que dan testimonio de mí" (S. Juan 5:39).

Hablando del pueblo cristiano que será testigo de la segunda venida, la profecía señala que ellos "guardan los mandamientos de Dios y tienen el testimonio de Jesucristo" (Apocalipsis 12:17). Más adelante y justo antes del derramamiento de las siete postreras plagas, la Biblia presenta el triple mensaje angélico que ha de ser proclamado en estos tiempos:

> "Vi volar por en medio del cielo a otro ángel, que tenía el evangelio eterno para predicarlo a los moradores de la tierra, a toda nación, tribu, lengua y pueblo, diciendo a gran voz: Temed a Dios y dadle gloria, porque la hora de su juicio ha llegado; y adorad a aquel que hizo el cielo y la tierra, el mar y las fuentes de las aguas. Otro ángel le siguió, diciendo: Ha caído, ha caído Babilonia, la gran ciudad, porque ha hecho beber a todas las naciones del vino del furor de su fornicación. Y el tercer ángel los siguió, diciendo a gran voz: Si alguno adora a la bestia y a su imagen, y recibe la marca en su frente o en su mano, él también beberá del vino de la ira de Dios, que ha sido vaciado puro en el cáliz de su ira; y será atormentado con fuego y azufre delante de los santos ángeles y del Cordero; y el humo de su tormento sube por los siglos de los siglos. Y no tienen reposo de día ni de noche los que adoran a la bestia y a su imagen, ni nadie que reciba la marca de su nombre. Aquí está la paciencia de los santos, los que guardan los mandamientos de Dios y la fe de Jesús" (Apocalipsis 14:6-12).

¿Qué significa todo esto? Sólo nos limitaremos a exponer algunas de las enseñanzas contenidas en este pasaje, principios sumamente importantes para aquellos que vivimos en los últimos tiempos de la historia. Concluye señalando que los santos "guardan los mandamientos de Dios y la fe de Jesús". Así describe no sólo una creencia, sino una experiencia real en la vida de los seguidores de Cristo.

Esta experiencia de fe y obediencia se basa en el "Evangelio eterno": el "poder de Dios para salvación" (Romanos 1:16). Sólo existe un camino de salvación, el de Jesús. Sólo podemos ser salvos por la fe en nuestro Salvador. Observemos lo que esta profecía puede enseñarnos sobre el tema de la salvación.

1. "Temed a Dios". No se trata del temor a alguien malévolo y cruel, sino al respeto que se tiene a Uno que es infinitamente superior a nosotros. Jesús reveló el carácter de Dios, y éste es amor (1 S. Juan 4:8).

2. "Dadle gloria". La Biblia muestra una continua tensión entre la gloria humana y la gloria divina. San Pablo declaró arrobado por el amor de Jesús: "Lejos esté de mí gloriarme, sino en la cruz de nuestro Señor Jesucristo, por quien el mundo me es crucificado a mí, y yo al mundo" (Gálatas 6:14). En las Escrituras, la gloria del hombre sólo es genuina cuando parte de Dios. El único que merece honor y gloria es Dios (ver Apocalipsis 4:11).

3. "La hora de su juicio ha llegado". El juicio de Dios ha comenzado. La función intercesora de Jesús ahora incluye la inspección de los invitados a las bodas del Cordero. Nuestro destino está en sus manos de amor.

4. "Adorad al que hizo el cielo y la tierra". Estas palabras parecen tomadas del cuarto mandamiento (Exodo 20:8-11). Nos invitan a adorar únicamente al Creador. Si no lo adoramos a él nos adoraremos a nosotros mismos o a la creación. Por eso es que el sábado es una señal de nuestra lealtad al verdadero Dios (ver Ezequiel 20:12, 20).

El movimiento ecológico actual, con raíces en las religiones paganas, nos invita a reverenciar no al Creador, sino a la naturaleza. Nuevas alianzas entre científicos y líderes religiosos se unen en declarar que la creación es sagrada y merece ser protegida.[2]

Necesitamos rendirnos a Jesús, rendir nuestras ansias de gloria terrenal y adorar únicamente a Dios.

5. "Ha caído Babilonia". El segundo ángel anuncia la caída de Babilonia. Entre otras cosas, Babilonia simboliza la salvación por las obras. Desde el mismo origen de este término en la torre de Babel, *Babilonia* se refiere a seres humanos que intentan salvarse a sí mismos. La esencia de toda religión falsa es precisamente esto. El Evangelio de Cristo nos enseña que la salvación proviene de fuera de nosotros.

6. "Los que adoran la bestia reciben su marca". La bestia se refiere a un intento organizado de colocar al hombre por encima de Dios por medio de ritos religiosos y leyes seculares que imponen castigos civiles a los disidentes. Aunque este movimiento ha tenido una forma específica a través de la historia, formamos una imagen a la bestia cada vez que insistimos en colocar los méritos humanos en lugar de los divinos. Morris Venden señala apropiadamente que la esencia de la marca de la bestia es la pretensión de salvarse por medio de las obras humanas.[3]

El mensaje de los tres ángeles destaca aquellas enseñanzas que son absolutamente vitales en nuestros tiempos, pero lo hace señalándonos que lo más importante de todo es una actitud de adoración y dependencia de Dios. Sólo la mano de Dios puede rescatarnos y salvarnos.

Necesitamos conocer quién es el que viene

Tennesse Williams cuenta la historia de Jacobo Brodzky, un tímido judío ruso cuyo padre era propietario de una librería. El padre quería que su hijo fuera a la universidad, pero éste quería casarse con una joven francesa de una personalidad totalmente opuesta a la de él, efusiva, extrovertida y ambiciosa. Un par de meses después que el joven Brodzky se fue a estudiar, su padre cayó enfermo y murió.

El hijo regresó a la casa, enterró a su padre y se casó con la joven francesa. Se mudaron al apartamento encima de la librería y Brodzky se dedicó a administrar el negocio. Los libros lo hacían feliz, pero ella estaba totalmente aburrida.

Queriendo buscar más aventura, se unió a una compañía de teatro en la que pudo utilizar su hermosa voz.

Brodzky quedó destruido. Al despedirse, le dio la llave de la tienda y le dijo: "Mejor es que te lleves esto... Algún día regresarás y yo estaré esperándote".

Con un beso, ella partió. Para escapar a su dolor, Brodzky se dedicó totalmente a los libros. Hablaba poco, hacía poco, y se lo podía encontrar día tras día leyendo en un enorme escritorio en el fondo de la librería, esperando a su amor.

Quince años después su esposa regresó, en la época de Navidad. Pero cuando Brodzky se levantó de su escritorio, confundió al amor de su vida con un cliente. "¿Desea algún libro", le preguntó.

Que no la reconociera la sorprendió. Pero recobró el dominio propio y le contestó: "Deseo un libro, pero he olvidado el título".

Entonces le contó la historia de dos jóvenes enamorados. La historia de una pareja que vivía en un apartamento encima de una librería. De una esposa ambiciosa que se fue para buscar suerte, que tuvo mucho éxito, pero que nunca pudo abandonar la llave que le había dado su esposo. Pensó que esto traería el reconocimiento de Brodzky.

Pero el rostro de éste no mostró la menor reacción. Gradualmente ella advirtió que él ya había olvidado el motivo de su espera, que todo lo que ahora recordaba era la espera misma.

"Tienes que recordarla. ¿La historia de Lila y Jacobo?"

Después de una pausa prolongada, Brodzky exclamó: "Hay algo familiar en su relato. Creo que lo he leído en alguna parte. Es algo que escribió Tolstoi".[4]

Dejando caer la llave, la esposa abandonó la tienda. Y Brodzky continuó leyendo, sin advertir que el amor por el que esperaba había llegado y ahora se alejaba para siempre.

El relato de Tennesse Williams nos enseña a no perder de vista lo que realmente amamos, lo que verdaderamente nos importa. Quizá suceda así con Cristo, nuestro divino Amigo.

Algún día, muy pronto, nuestro Señor vendrá en las nubes de los cielos, con poder y gloria, rodeado de una multitud de ángeles poderosos. Esperamos ese evento con ansias forjadas en los fuegos de los dolores y sufrimientos humanos. Pero quizá Jesús venga antes a nuestros corazones. Quizá en las páginas de la Biblia o las de un libro como este. Puede ser que llegue en los acordes de un himno o el testimonio de algún creyente. Viene a nuestro corazón para colmarlo de amor y esperanza. Viene a transformar nuestra vida mediante el poder de su Espíritu.

Le ruego que no lo rechace.

---

(1) *Idaho Statesman*, 19 de agosto, 1993. (2) Carl Sagan, *Parade Magazine*, 1° de marzo, 1992, p. 14. (3) Morris Venden, *The Pillars* (Washington, D.C.: Review and Herald, 1982), p. 38. La observancia del domingo, como contraparte humana del sábado como día de reposo divino, constituye una señal visible de lealtad a la bestia. (4) Citado por Debbie Anfenson-Vance, *Signs of the Times*, junio de 1993, p. 11.

Si desea conocer más sobre cualquiera de estas u otras doctrinas lo invitamos a pedir un curso bíblico por correspondencia, totalmente gratis, a la dirección de esta editorial. Puede dirigirse al autor:

Miguel Valdivia
Pacific Press Publishing Association
P.O. Box 7000
Boise, Idaho 83707

Apéndice

En las páginas de este libro se han expuesto cinco doctrinas bíblicas que muestran la voluntad amante de Jesús hacia nosotros. Nuestra actitud ante estas verdades de la Palabra de Dios —y particularmente ante Jesús como el origen de las mismas— determinará nuestro destino eterno. A continuación le ofrecemos una lista resumida de las principales doctrinas bíblicas que puede facilitar su estudio personal de estos temas de tanta importancia.

16 VERDADES VITALES PARA LA FELICIDAD Y LA SALVACION

1. La inspiración de las Sagradas Escrituras, es fundamento de nuestra seguridad en materia religiosa, y convierte ese maravilloso libro en la norma suprema de nuestra fe y la pauta de nuestra vida. Ella es completa en sí misma, y no necesita ningún agregado, porque cuando San Pablo dice que "toda Escritura es inspirada por Dios", agrega también que es "útil para enseñar, para redargüir, para corregir, para instruir en justicia, a fin de que el hombre de Dios sea perfecto, enteramente preparado para toda buena obra" (2 Timoteo 3:16-17). El obedecer sus preceptos e identificarnos con ella, nos permitirá colocarnos a cubierto de todos los peligros y rechazar con éxito todos los ataques del enemigo, como lo hizo nuestro Señor cuando respondía a toda tentación con un "Escrito está" (S. Mateo 4).

2. Las tres Personas que componen la Divinidad son el Padre, el Hijo y el Espíritu Santo. Cada una de ellas es divina, y es una persona en sí, pero las tres constituyen una unidad perfecta que no encuentra símil alguno en la Tierra, de manera que piensan, planean y actúan en absoluta y perfecta consonancia (S. Mateo 28:19; S. Juan 17:21-22; 16:7, 13-14). El misterio de su cabal unidad, armonía e interdependencia, dentro de su individualidad como personas, nunca será abarcado en esta tierra por la mente finita del hombre, como un vaso no puede contener la mar.

3. Dios el creador de todo cuanto existe (Génesis 1). He aquí algunas de sus notables características:

a) Tiene vida en sí, porque es el autor de la vida. S. Juan 5:26.

b) Es un Dios personal, y al mismo tiempo es omnipresente. Salmo 139:7-12.

c) Aunque está en todas partes, el Creador está por encima y es diferente de la criatura, y por lo tanto la Biblia rechaza el error panteísta de hacer de los seres y las cosas parte de Dios. Romanos 1:21-23.

d) Es Todopoderoso. S. Mateo 19:26.

e) Dios es amor, y por esto dio por el hombre lo mejor que tenía, a su propio Hijo Jesucristo. 1 S. Juan 4:8-9; S. Juan 3:16.

f) Es justo, y a la vez lleno de misericordia y bondad. Salmo 129:4; Nehemías 9:31.

4. Jesucristo es el Hijo de Dios, el personaje central de las Escrituras, y la única y gran esperanza del hombre.

a) Es tan divino y eterno como Dios mismo. 1 S. Juan 5:20; S. Juan 1:1-3.

b) Tiene vida en sí mismo como el Padre. S. Juan 10:28; 5:26.

c) Es el Creador de todo cuanto existe, junto con el Padre. Hebreos 1:2; S. Juan 1:1-3.

d) Se hizo hombre, y vivió sometido a todas las pruebas y tentaciones de la humanidad. Filipenses 2:6-7; Hebreos 2:14, 16-18.

e) Pese a ello, mantuvo un carácter perfecto: nunca pecó. Hebreos 4:15.

f) Ofreció voluntariamente su vida por la salvación de los hombres. Isaías 53; 1 S. Pedro 2:24.

g) Por su vida perfecta y su sacrificio expiatorio llegó a ser nuestro único Salvador. S. Juan 3:16; Hechos 4:12.

h) Es por ello nuestro Pontífice. Hebreos 8:1-6.

i) Es nuestro único intercesor ante Dios, nuestro único Abogado ante el Padre. 1 Timoteo 2:5; 1 S. Juan 2:1.

5. El Espíritu Santo es la tercera Persona de la Divinidad.

a) Es enviado por Dios como representante del Padre y del Hijo. S. Juan 16:7; 14:26.

b) Gracias a su mediación, Dios puede morar en el corazón humano entrando en una relación personal con el hombre. Salmo 51:11; Romanos 8:9; 1 Corintios 2:11-12.

c) Es quien convence al hombre de que ha pecado. S. Juan 16:8.

d) Es el poder que opera el nuevo nacimiento. S. Juan 3:5-8; Tito 3:5.

e) Nos guía a toda verdad; es el único Maestro infalible. S. Juan 16:13; S. Mateo 10:19-20; S. Juan 14:26.

6. El hombre, creado por Dios, cayó en el pecado y fue redimido por Cristo.

a) El hombre fue creado a la imagen divina. Génesis 1:26-27.

b) Dios se proponía que viviera feliz en el Edén. Génesis 2:8-10.

c) Mediante la institución del hogar, debía fructificar y multiplicarse para llenar la tierra de seres dichosos. Génesis 1:27-28; 2:24.

d) Pero el pecado atrajo sobre los hombres la debilidad moral y la muerte. Romanos 3:23; 5:12; 6:23.

e) Aunque el hombre es impotente, Cristo le ofrece el triunfo sobre el mal. Jeremías 13:23; Romanos 7:24-25; 1 Corintios 15:57.

f) El sacrificio vicario de Cristo salva del pecado y otorga poder para vivir una vida nueva. 1 S. Pedro 2:24.

7. La justificación del hombre se produce por la fe en Cristo. Efesios 2:8-9; Romanos 3:28. Las obras que se hacen con el fin deliberado de ganar la salvación no tienen poder ni mérito alguno.

8. La conversión y la santificación siguen a la justifica-

ción. La justificación, que entraña el derecho a la salvación, se logra por la fe. Pero el hombre necesita luego una preparación para el cielo. Esta comienza con el nuevo nacimiento (S. Juan 3:1-8), que determina un cambio en la conducta y actuación del hombre (Efesios 4:22-32). Luego se va operando un perfeccionamiento del carácter o santificación. 1 Tesalonicenses 4:3.

9. La oración es el medio para comunicarse con Dios. Esta constituye el diálogo directo con la divinidad, ante quien el cristiano puede abrir su corazón y expresarle en forma espontánea sus necesidades y aspiraciones. S. Mateo 6:6-13; 7:7-12; Santiago 5:16.

10. La ley de Dios, o Decálogo, es norma eterna de justicia.

a) Abarca los supremos principios de conducta y la suma del deber humano. Eclesiastés 12:13.

b) Es eterna e inmutable, porque es el reflejo del carácter de Dios. S. Mateo 5:17-19.

c) Es santa, justa y buena. Romanos 7:12.

d) Será el código en base al cual se hará el juicio. Santiago 2:10-12.

e) Señala el pecado y conduce a Jesús. Romanos 7:7; Santiago 1:22-25; Gálatas 3:24.

11. La observancia del verdadero día de reposo está claramente enseñada por un mandamiento de las Escrituras: "Acordarte has del día de reposo, para santificarlo: seis días trabajarás, y harás toda tu obra; mas el séptimo día será reposo para Jehová tu Dios; no hagas en él obra alguna, tú, ni tu hijo, ni tu hija, ni tu siervo, ni tu criada, ni tu bestia, ni tu extranjero que está dentro de tus puertas; porque en seis días hizo Jehová los cielos y la tierra, la mar y todas las cosas que en ellos hay, y reposó en el séptimo día; por tanto Jehová bendijo el día de reposo y lo santificó" (Exodo 20:8-11).

a) El sábado es el monumento recordativo de la creación de Dios. Exodo 20:11.

b) Durante los 40 años de peregrinación del pueblo hebreo por el desierto, Dios realizaba un doble milagro para hacer posible la fiel observancia del sábado. Exodo 16.

c) El ejemplo de Cristo en la observancia del sábado lo confirma como día sagrado. S. Juan 15:10; S. Lucas 4:16-21.

d) Fue observado por los apóstoles. Hechos 17:2, 18:1-4.

e) En todas las épocas hubo cristianos fieles que lo observaron, aunque fueran minoría, sin sumarse a la apostasía general.

f) En 1863 se formó una iglesia que resucitó esta perdida institución bíblica —la observancia del sábado como verdadero día de reposo—, que llegó a llamarse Iglesia Adventista del Séptimo Día.

La fidelidad a los mandamientos de Dios —inclusive el cuarto— será la característica del verdadero pueblo de Dios del último tiempo. Apocalipsis 14:12.

g) De allí la promesa que Dios hace de darles parte en su eterno reino a los que no pisoteen el sábado, sino lo respeten y observen. Isaías 58:13-14.

12. Dios establece el deber religioso de cuidar la salud.

a) Todo lo que favorece la buena salud se conforma al plan de Dios. 3 S. Juan 2.

b) Según la Biblia, el cuerpo es el templo de Dios. 1 Corintios 3:16-17; 6:19-20.

c) Por lo tanto todo lo que perjudique la salud, mancilla ese templo e impide la presencia de Dios en él.

d) Por ello, la religión de la Biblia elimina de los hábitos del hijo de Dios el uso del alcohol, el tabaco, las drogas, y todo alimento malsano, e impone a la vez la moderación en las cosas buenas.

e) Siendo que las leyes de la salud son tan sagradas como la ley moral de Dios, el llevar una vida higiénica, pura y exenta de vicios es parte integrante de la auténtica religión de Cristo.

13. Es inminente la segunda venida de Jesús. Es ésta una de las enseñanzas que más veces se menciona en las Escrituras.

a) Este suceso ha sido la esperanza milenaria de los patriarcas y profetas de la antigüedad. S. Judas 14; Job 19:23-26; Isaías 40:10; 25:8-9; Daniel 2:44.

b) Es la gran esperanza de los apóstoles. Tito 2:12-13; 2 S. Pedro 3:9-12; Apocalipsis 1:7.

c) El mismo Señor Jesús prometió volver. S. Juan 14:1-3.

d) Toda una multitud de profecías anuncian la inminencia de este suceso. S. Mateo 24; S. Lucas 21; Daniel 2:44; 7:13-14.

e) Ocurrirá en forma literal, visible y gloriosa. Hechos 1:10-11; S. Mateo 24:24-27; Apocalipsis 1:7.

f) Necesitamos una preparación espiritual para ese fausto acontecimiento. S. Lucas 21:34-36.

14. El estado inconsciente de los muertos y la imposibilidad de que se comuniquen con los vivos, constituyen un elemento importante en el armonioso conjunto de verdades bíblicas.

a) En ocasión de la muerte los seres humanos entran en un estado de completa inconsciencia. Eclesiastés 9:5-6, 10; Job 14:10-14.

b) La resurrección de los justos se realiza en ocasión del regreso de Cristo. 1 Tesalonicenses 4:16-17.

c) La resurrección de los impíos ocurre mil años más tarde, para que sean juzgados y destruidos para siempre. Apocalipsis 20:5; Malaquías 4:1.

d) Los que hayan muerto en Jesús resucitarán con cuerpos incorruptibles e inmortales cuando vuelva Cristo, y los hijos de Dios fieles que estén vivos serán transformados sin ver la muerte. 1 Corintios 15:51-55; 1 Tesalonicenses 4:15-17.

15. La Santa Cena o Eucaristía es un rito sagrado meramente conmemorativo. El pan y el vino son meros símbolos del cuerpo y la sangre de Cristo, y no sufren ninguna transformación pues Jesús fue sacrificado una sola vez. 1 S. Pedro 3:18; Hebreos 9:28.

16. El bautismo por inmersión representa el nuevo nacimiento. Este santo rito de la iglesia, portal de entrada del cristiano en la confraternidad de los hermanos, representa la sepultura del hombre viejo en la tumba líquida y la resurrección del hombre nuevo para andar en novedad de vida. Romanos 6:3-6. Cristo fue bautizado por inmersión. S. Mateo 3:13-17. Y así se practicó siempre esta ceremonia en la era apostólica; y así debe continuar efectuándose para no desvirtuar su hermoso simbolismo.